NOUVEAUX CLASSIQUES LAROUSSE

Collection fondée en 1933 par
FÉLIX GUIRAND

continuée par
LÉON LEJEALLE (1949 à 1968)   et   JEAN-POL CAPUT (1969 à 1972)
Agrégés des Lettres

LE MALADE IMAGINAIRE

comédie-ballet

Librairie Larousse (Canada) limitée, propriétaire pour le Canada des droits d'auteur et des marques de commerce Larousse. — Distributeur exclusif au Canada : les Éditions Françaises Inc., licencié quant aux droits d'auteur et usager inscrit des marques pour le Canada.

LE MALADE IMAGINAIRE, PAR ACHILLE DEVÉRIA (1800-1857)

Ce tableau d'un peintre romantique est une variation assez fantaisiste sur le
thème de la comédie. Le malade imaginaire, vêtu en Scapin, implore un
intraitable Purgon.

MOLIÈRE

LE MALADE IMAGINAIRE

comédie-ballet

ÉLOMIRE HYPOCONDRE

(extraits)

avec une Notice biographique, une Notice historique et littéraire,
un Lexique, des Notes explicatives, une Documentation thématique,
des Jugements, un Questionnaire et des Sujets de devoirs,

par

YVES HUCHER

Professeur de Lettres au lycée Voltaire.

LIBRAIRIE LAROUSSE

17, rue du Montparnasse, et boulevard Raspail, 114
Succursale : 58, rue des Écoles (Sorbonne)

RÉSUMÉ CHRONOLOGIQUE
DE LA VIE DE MOLIÈRE
1622-1673

1622 (15 janvier) — Baptême à **Paris,** à l'église Saint-Eustache, de Jean-Baptiste Poquelin, fils aîné du marchand tapissier Jean Poquelin et de Marie Cressé.

1632 (mai) — Mort de Marie Cressé.

1637 — Jean Poquelin assure à son fils Jean-Baptiste la survivance de sa charge de tapissier ordinaire du roi. (Cet office, transmissible par héritage ou par vente, assurait à son possesseur le privilège de fournir et d'entretenir une partie du mobilier royal ; Jean Poquelin n'était évidemment pas le seul à posséder une telle charge.)

1639 (?) — Jean-Baptiste termine ses études secondaires au collège de Clermont (aujourd'hui lycée Louis-le-Grand), tenu par les Jésuites.

1642 — Il fait ses études de droit à Orléans et obtient sa licence. C'est peut-être à cette époque qu'il subit l'influence du philosophe épicurien Gassendi et lie connaissance avec les « libertins » Chapelle, Cyrano de Bergerac, d'Assoucy.

1643 (16 juin) — S'étant lié avec une comédienne, **Madeleine Béjart,** née en 1618, il constitue avec elle une troupe qui prend le nom d'**Illustre-Théâtre ;** la troupe est dirigée par Madeleine Béjart.

1644 — Jean-Baptiste Poquelin prend le surnom de **Molière** et devient directeur de l'Illustre-Théâtre, qui, après des représentations en province, s'installe à Paris et joue dans des salles de jeu de paume désaffectées.

1645 — L'Illustre-Théâtre connaît des difficultés financières ; Molière est emprisonné au Châtelet pour dettes pendant quelques jours.

1645 Molière part pour **la province** avec sa troupe. Cette longue période
1658 de treize années est assez mal connue : on a pu repérer son passage à certaines dates dans telle ou telle région, mais on ne possède guère de renseignements sur le répertoire de son théâtre ; il est vraisemblable qu'outre des tragédies d'auteurs contemporains (notamment Corneille) Mol.ère donnait de courtes farces de sa composition, dont certaines n'étaient qu'un canevas sur lequel les acteurs improvisaient, à l'italienne.
1645-1653 — La troupe est protégée par le duc d'Épernon, gouverneur de Guyenne. Molière, qui a laissé la direction au comédien Dufresne, imposé par le duc, reprend lui-même (1650) la tête de la troupe : il joue dans les villes du Sud-Ouest (Albi, Carcassonne, Toulouse, Agen, Pézenas), mais aussi à Lyon (1650 et 1652).
1653-1657 — La troupe passe sous la protection du prince de Conti, gouverneur du Languedoc. Molière reste dans les mêmes régions : il joue le personnage de Mascarille dans deux comédies de lui (les premières dont nous ayons le texte) : *l'Étourdi,* donné à Lyon en **1655,** *le Dépit amoureux,* à Béziers en **1656.**
1657-1658 — Molière est maintenant protégé par le gouverneur de Normandie ; il rencontre Corneille à Rouen ; il joue aussi à Lyon et à Grenoble.

1658 — Retour à Paris de Molière et de sa troupe, qui devient « troupe de Monsieur » ; le succès d'une représentation (*Nicomède* et une farce) donnée devant le roi (24 octobre) lui fait obtenir la **salle du Petit-Bourbon** (près du Louvre), où il joue en alternance avec les comédiens-italiens.

1659 (18 novembre) — Première représentation des *Précieuses ridicules* (après *Cinna*) : grand succès.

1660 — *Sganarelle* (mai). Molière crée, à la manière des Italiens, le personnage de **Sganarelle,** qui reparaîtra, **toujours interprété par lui,** dans plusieurs comédies qui suivront. — Il reprend, son frère étant mort, la survivance de la charge paternelle (tapissier du roi) qu'il lui avait cédée en 1654.

© *Librairie Larousse*, 1970.   ISBN 2-03-034663-2

1661 — Molière, qui a dû abandonner le théâtre du Petit-Bourbon (démoli pour permettre la construction de la colonnade du Louvre), s'installe au **Palais-Royal**. *Dom Garcie de Navarre*, comédie héroïque : échec. *L'École des maris* (24 juin) : succès. *Les Fâcheux* (novembre), première comédie-ballet, jouée devant le roi, chez Fouquet, au château de Vaux-le-Vicomte.

1662 — **Mariage** de Molière avec **Armande Béjart** (sœur ou fille de Madeleine), de vingt ans plus jeune que lui. *L'École des femmes* (26 décembre) : grand succès.

1663 — Querelle à propos de *l'École des femmes*. Molière répond par *la Critique de l' « École des femmes »* (1er juin) et par *l'Impromptu de Versailles* (14 octobre).

1664 — Naissance et mort du premier enfant de Molière : Louis XIV en est le parrain. *Le Mariage forcé* (janvier), comédie-ballet. Du 8 au 13 mai, fêtes de l' « Île enchantée » à Versailles : Molière, qui anime les divertissements, donne la *Princesse d'Élide* (8 mai) et les trois premiers actes du *Tartuffe* (12 mai) : **interdiction** de donner à Paris cette dernière pièce. Molière joue *la Thébaïde*, de Racine.

1665 — *Dom Juan* (15 février) : malgré le succès, Molière, toujours critiqué par les dévots, retire sa pièce après quinze représentations. Louis XIV donne à la troupe de Molière le titre de « troupe du Roi » avec une pension de 6 000 livres (somme assez faible, puisqu'une bonne représentation au Palais-Royal rapporte, d'après le registre de La Grange, couramment 1 500 livres et que la première du *Tartuffe*, en 1669, rapportera 2 860 livres). *L'Amour médecin* (15 septembre). Brouille avec Racine, qui retire à Molière son *Alexandre* pour le donner à l'Hôtel de Bourgogne.

1666 — Molière, malade, cesse de jouer pendant plus de deux mois ; il loue une maison à Auteuil. *Le Misanthrope* (4 juin). *Le Médecin malgré lui* (6 août), dernière pièce où apparaît Sganarelle. En décembre, fêtes du « Ballet des Muses » à Saint-Germain : *Mélicerte* (2 décembre).

1667 — Suite des fêtes de Saint-Germain : Molière y donne encore *la Pastorale comique* (5 janvier) et *le Sicilien ou l'Amour peintre* (14 février). **Nouvelle version du** *Tartuffe*, sous le titre de *l'Imposteur* (5 août) : la pièce est **interdite** le lendemain.

1668 — *Amphitryon* (13 janvier). *George Dandin* (18 juillet). *L'Avare* (9 septembre).

1669 — Troisième version du *Tartuffe* (5 février), enfin **autorisé** : immense succès. Mort du père de Molière (25 février). A Chambord, *Monsieur de Pourceaugnac* (6 octobre).

1670 — *Les Amants magnifiques*, comédie-ballet (30 janvier à Saint-Germain). *Le Bourgeois gentilhomme*, comédie-ballet (14 octobre à Chambord).

1671 — *Psyché*, tragédie-ballet avec Quinault, Corneille et Lully (17 janvier), aux Tuileries, puis au Palais-Royal, aménagé pour ce nouveau spectacle. *Les Fourberies de Scapin* (24 mai). *La Comtesse d'Escarbagnas* (2 décembre à Saint-Germain).

1672 — Mort de Madeleine Béjart (17 février). *Les Femmes savantes* (11 mars). Brouille avec Lully, qui a obtenu du roi le privilège de tous les spectacles avec musique et ballets.

1673 — *Le Malade imaginaire* (10 février). A la quatrième représentation (17 février), Molière, pris en scène d'un malaise, est transporté chez lui, rue de Richelieu, et **meurt** presque aussitôt. N'ayant pas renié sa vie de comédien devant un prêtre, il n'avait, selon la tradition, pas le droit d'être enseveli en terre chrétienne : après intervention du roi auprès de l'archevêque, on l'enterre sans grande cérémonie à 9 heures du soir au cimetière Saint-Joseph.

Molière avait seize ans de moins que Corneille, neuf ans de moins que La Rochefoucauld, un an de moins que La Fontaine.

Il avait un an de plus que Pascal, quatre ans de plus que Mme de Sévigné, cinq ans de plus que Bossuet, quatorze ans de plus que Boileau, dix-sept ans de plus que Racine.

MOLIÈRE ET SON TEMPS

	vie et œuvre de Molière	le mouvement intellectuel et artistique	les événements politiques
1622	Baptême à Paris de J.-B. Poquelin (15 janvier).	Succès dramatiques d'Alarcon, de Tirso de Molina en Espagne.	Paix de Montpellier, mettant fin à la guerre de religion en Béarn.
1639	Quitte le collège de Clermont, où il a fait ses études.	Maynard : Odes. Tragi-comédies de Boisrobert et de Scudéry. Naissance de Racine.	La guerre contre l'Espagne et les Impériaux, commencée en 1635, se poursuit.
1642	Obtient sa licence en droit.	Corneille : la Mort de Pompée (décembre). Du Ryer : Esther.	Prise de Perpignan. Mort de Richelieu (4 décembre).
1643	Constitue la troupe de l'Illustre-Théâtre avec Madeleine Béjart.	Corneille : le Menteur. Ouverture des petites écoles de Port-Royal-des-Champs. Arrivée à Paris de Lully.	Mort de Louis XIII (14 mai). Victoire de Rocroi (19 mai). Défaite française en Aragon.
1645	Faillite de l'Illustre-Théâtre.	Rotrou : Saint Genest. Corneille : Théodore, vierge et martyre.	Victoire française de Nördlingen sur les Impériaux (3 août).
1646	Reprend place avec Madeleine Béjart dans une troupe protégée par le duc d'Épernon. Va en province.	Cyrano de Bergerac : le Pédant joué. Saint-Amant : Poésies.	Prise de Dunkerque.
1650	Prend la direction de la troupe, qui sera protégée à partir de 1653 par le prince de Conti.	Saint-Évremond : la comédie des Académistes. Mort de Descartes.	Troubles de la Fronde : victoire provisoire de Mazarin sur Condé et les princes.
1655	Représentation à Lyon de l'Étourdi.	Pascal se retire à Port-Royal-des-Champs (janvier). Racine entre à l'école des Granges de Port-Royal.	Négociations avec Cromwell pour obtenir l'alliance anglaise contre l'Espagne.
1658	Arrive à Paris avec sa troupe, qui devient la « troupe de Monsieur » et occupe la salle du Petit-Bourbon.	Dorimond : le Festin de pierre.	Victoire des Dunes sur les Espagnols. Mort d'Olivier Cromwell.
1659	Représentation triomphale des Précieuses ridicules.	Villiers : le Festin de pierre. Retour de Corneille au théâtre avec Œdipe.	Paix des Pyrénées : l'Espagne cède l'Artois et le Roussillon à la France.
1660	Sganarelle ou le Cocu imaginaire.	Quinault : Stratonice (tragédie). Bossuet prêche le carême aux Minimes.	Mariage de Louis XIV et de Marie-Thérèse. Restauration des Stuarts.
1661	S'installe au Palais-Royal. Dom Garcie de Navarre. L'École des maris. Les Fâcheux.	La Fontaine : Élégie aux nymphes de Vaux.	Mort de Mazarin (8 mars). Arrestation de Fouquet (5 septembre).

	Molière	Littérature et arts	Histoire
1662	Se marie avec Armande Béjart. L'École des femmes.	Corneille : Sertorius. La Rochefoucauld : Mémoires. Mort de Pascal (19 août). Fondation de la manufacture des Gobelins.	Michel Le Tellier, Colbert et Hugues de Lionne deviennent ministres de Louis XIV.
1663	Querelle de l'École des femmes. La Critique de « l'École des femmes ».	Corneille : Sophonisbe. Racine : ode Sur la convalescence du Roi.	Invasion de l'Autriche par les Turcs.
1664	Le Mariage forcé. Interdiction du premier Tartuffe.	Racine : la Thébaïde ou les Frères ennemis.	Condamnation de Fouquet, après un procès de quatre ans.
1665	Dom Juan. L'Amour médecin.	La Fontaine : Contes et Nouvelles. Mort du peintre N. Poussin.	Peste de Londres.
1666	Le Misanthrope. Le Médecin malgré lui.	Boileau : Satires (I à VI). Furetière : le Roman bourgeois. Fondation de l'Académie des sciences.	Alliance franco-hollandaise contre l'Angleterre. Mort d'Anne d'Autriche. Incendie de Londres.
1667	Mélicerte. La Pastorale comique. Le Sicilien. Interdiction de la deuxième version du Tartuffe : l'Imposteur.	Corneille : Attila. Racine : Andromaque. Milton : le Paradis perdu. Naissance de Swift.	Conquête de la Flandre par les troupes françaises (guerre de Dévolution).
1668	Amphitryon. George Dandin. L'Avare.	La Fontaine : Fables (livres I à VI). Racine : les Plaideurs. Mort du peintre Mignard.	Fin de la guerre de Dévolution : traités de Saint-Germain et d'Aix-la-Chapelle. Annexion de la Flandre.
1669	Représentation du Tartuffe. Monsieur de Pourceaugnac.	Racine : Britannicus. Th. Corneille : la Mort d'Annibal. Bossuet : Oraison funèbre d'Henriette de France.	
1670	Les Amants magnifiques. Le Bourgeois gentilhomme.	Racine : Bérénice. Corneille : Tite et Bérénice. Édition des Pensées de Pascal. Mariotte découvre la loi des gaz.	Mort de Madame. Les États de Hollande nomment Guillaume d'Orange capitaine général.
1671	Psyché. Les Fourberies de Scapin. La Comtesse d'Escarbagnas.	Débuts de la correspondance de Mme de Sévigné avec Mme de Grignan.	Louis XIV prépare la guerre contre la Hollande.
1672	Les Femmes savantes. Mort de Madeleine Béjart.	Racine : Bajazet. Th. Corneille : Ariane. P. Corneille : Pulchérie.	Déclaration de guerre à la Hollande. Passage du Rhin (juin).
1673	Le Malade imaginaire. Mort de Molière (17 février).	Racine : Mithridate. Séjour de Leibniz à Paris. Premier grand opéra de Lully : Cadmus et Hermione.	Conquête de la Hollande. Prise de Maestricht (29 juin).

BIBLIOGRAPHIE SOMMAIRE

OUVRAGES GÉNÉRAUX SUR MOLIÈRE

Gustave Michaut *la Jeunesse de Molière; les Débuts de Molière à Paris; les Luttes de Molière* (Paris, Hachette, 1922-1923-1925).

Ramon Fernandez *la Vie de Molière* (Paris, Gallimard, 1930).

Daniel Mornet *Molière, l'homme et l'œuvre* (Paris, Boivin, 1943).

Pierre Brisson *Molière, sa vie dans ses œuvres* (Paris, Gallimard, 1949).

Antoine Adam *Histoire de la littérature française au XVIIe siècle*, tome III (Paris, Domat, 1952).

René Bray *Molière, homme de théâtre* (Paris, Mercure de France, 1954).

Maurice Descotes *les Grands Rôles du théâtre de Molière* (Paris, P. U. F., 1960).

SUR LES COMÉDIES-BALLETS

Maurice Pellisson *les Comédies-ballets de Molière* (Paris, Hachette, 1914).

SUR MOLIÈRE ET LES MÉDECINS

Dr Cabanès *Molière et les médecins* (Bureaux de la chronique médicale, Paris, 1897).

M. Raynaud *les Médecins au temps de Molière* (Paris, 1862).

SUR « LE MALADE IMAGINAIRE »

Edouard Thierry *Documents sur « le Malade imaginaire »* (Paris, 1880).

Pierre Valde *le Malade imaginaire* (Paris, Éd. du Seuil, coll. « Mises en scène », 1946).

Jacques Arnavon *« le Malade imaginaire » de Molière* (Paris, Fayard, 1947).

SUR LA LANGUE DE MOLIÈRE

Jean Dubois, René Lagane et Alain Lerond *Dictionnaire du français classique* (Paris, Larousse, 1971).

Vaugelas *Remarques sur la langue française* (Paris, Larousse, « Nouveaux Classiques », 1969).

LE MALADE IMAGINAIRE
1673

NOTICE

CE QUI SE PASSAIT EN 1672-1673

■ **EN POLITIQUE. A l'intérieur :** Louis XIV et sa Cour s'assemblent encore (fin 1671) au vieux château de Saint-Germain-en-Laye, mais ils vont bientôt se réunir au château de Versailles, dont les travaux se terminent. Les premières déclarations royales datées de Versailles sont de février 1672. Déclin de la favorite Louise de La Vallière, supplantée par Mme de Montespan. Louis XIV signe plusieurs décrets qui confirment et étendent les privilèges de Lully.

    A l'extérieur : Négociations d'Arnauld de Pomponne pour préparer la guerre d'agression contre la Hollande, qui commencera au printemps 1672. En mai-juin de la même année, le roi préside au début des opérations contre les Provinces-Unies. Le 1er août 1672, il rentre à Saint-Germain. En 1673, la conquête de la Hollande se poursuit (prise de Maestricht le 29 juin). La France tient tête à une coalition presque générale de l'Europe.

■ **EN LITTÉRATURE.** Quinault commence la série des opéras (1672) dont la musique sera composée par Lully. Racine, qui a donné Bajazet en 1672, donne Mithridate en 1673 (janvier) et entre à l'Académie française. Corneille a échoué avec Pulchérie (décembre 1672) et prépare Suréna ; son frère Thomas a triomphé avec Ariane. Bossuet, écarté de la chaire par ses devoirs de précepteur, est remplacé par Bourdaloue.

■ **DANS LES SCIENCES.** Guy Patin (né en 1601), dont l'orgueil était la saignée, meurt en 1672. L'année suivante, les partisans de la circulation sanguine, les « circulateurs », triomphent. Le cours de Lémery contribue à affranchir la chimie de la tyrannie des sciences occultes. Leibniz fait un séjour à Paris.

CIRCONSTANCES DE LA COMPOSITION
ET DE LA REPRÉSENTATION

Alternant avec ce qu'on appelle généralement « farces » et « grandes comédies », les comédies-ballets occupent une place importante dans l'œuvre de Molière. Ce sont : *les Fâcheux* (1661), *le Mariage forcé* (1664), *la Princesse d'Elide* (1664), *l'Amour médecin* (1665), *Mélicerte*, *la Pastorale comique*, *le Sicilien ou l'Amour peintre* (déc. 1666-févr. 1667), *George Dandin* (1668), *Monsieur de Pourceaugnac* (1669), *les Amants magnifiques* (1670), *le Bourgeois gentilhomme* (1670), enfin *le Malade imaginaire* (1673)[1]. Pourquoi Molière a-t-il persévéré dans cette entreprise jusqu'à l'heure de sa mort? Dans quelles circonstances a-t-il réalisé, justement avec sa dernière œuvre, *le Malade imaginaire*, un des chefs-d'œuvre du genre?

Après dix ans d'amitié et de collaboration entre Molière et Lully, l'année 1672 avait apporté au directeur de troupe une sérieuse inquiétude : la collaboration s'est changée en rivalité. Après *le Bourgeois gentilhomme*, *Psyché* (janvier 1671) fut, en effet, la dernière œuvre due à l'union de leurs talents.

Dès 1669, l'année même de la fondation de l'Académie royale de musique et de danse, Lully avait déjà réussi à déposséder Perrin du privilège que celui-ci détenait pour douze ans sur les académies de musique dans le royaume; seule, la Troupe royale avait encore le droit de représenter des comédies mêlées de musique et de danse. Pour le Florentin, ce n'était pas encore assez. Intriguant avec adresse, satisfaisant tous les caprices du souverain grâce à la promptitude de son travail, brandissant continuellement d'habiles menaces de démission, Lully, qui est aux yeux du roi le véritable magicien des divertissements de la Cour, va obtenir coup sur coup en cette seule année 1672 quatre ordonnances. Les lettres patentes de mars instituent à son seul profit l'Académie royale de musique et de danse; celles d'avril interdisent à toute troupe de comédiens jouant à Paris d'utiliser plus de six musiciens et de disposer des instrumentistes « arrêtés » par Lully ou des danseurs pensionnés par le roi. Le 27 juin, interdiction est prononcée de « faire chanter aucune pièce entière sans la permission par écrit dudit sieur Lully ». Certes, Molière est, d'une certaine façon, sauvé par la présence du qualificatif *entière*, mais, si l'on ajoute le privilège exorbitant que les lettres de septembre accordent à Lully de faire imprimer non seulement les airs qu'il avait composés ou composerait, mais encore « les vers, paroles, sujets, desseins et ouvrages sur lesquels lesdits airs de musique auront été composés, sans en rien excepter », on comprendra que la rupture était définitive entre Lully et Molière.

---

1. Sur la comédie-ballet en France avant Molière et dans l'œuvre de Molière jusqu'au *Bourgeois gentilhomme*, voir la Notice du *Bourgeois gentilhomme*, édition des « Nouveaux Classiques Larousse ».

Le premier triomphe, et le second comprend que l'insatiable Italien lui a valu ce que les « dévots » eux-mêmes n'ont pas atteint : un affaiblissement de la faveur et de la protection royales. Molière va donc se défendre sur son propre terrain : dans le style du *Bourgeois gentilhomme*, il va composer une comédie à divertissements qu'il compte d'abord offrir au roi, le premier *Prologue* le prouve, à l'occasion des victoires de Hollande[1]. Molière s'était adressé au musicien français Charpentier pour écrire les divertissements de *la Comtesse d'Escarbagnas* : c'est tout naturellement à lui encore qu'il demandera la musique du *Malade imaginaire*. L'œuvre sera donc la seule comédie-ballet de Molière qui n'ait pas été commandée par le roi. La musique de Charpentier connaîtra d'ailleurs un grand succès; en dépit de la franche allure et du naturel de la mélodie, beaucoup l'attribueront à Lully!

Mais ce n'est pas seulement à ces circonstances que nous devons *le Malade imaginaire*. C'est dans la vie de Molière lui-même que nous allons trouver les raisons de cette création. Depuis près de dix ans, la santé de Molière s'est altérée. On sait en toute certitude, par les registres de La Grange, qu'il dut s'arrêter de jouer durant deux mois en 1665, et quatre mois en 1666. Le surmenage que lui impose son triple rôle d'acteur, de directeur de troupe et d'auteur, les agitations et les chagrins de sa vie privée, la lutte acharnée qu'il a menée de 1664 à 1669 pour défendre son *Tartuffe*, les deuils enfin, et plus particulièrement la mort à l'âge de onze mois, en 1665, de son premier enfant, Louis, sont autant de causes qui n'ont pas peu contribué à aggraver son mal : sans doute une faiblesse pulmonaire. Qu'il ait songé à jouer les médecins qui ne l'ont point guéri, rien de plus naturel; au reste, ce n'est pas la première fois. Mais ici la satire est plus violente et plus profonde, tout en demeurant merveilleusement comique, et on peut voir à cela trois raisons.

Tout d'abord, en 1670, un auteur inconnu a publié, sous le nom de Le Boulanger de Chalussay, *Elomire hypocondre ou les Médecins vengés* : le pamphlet est ignoble, mais Molière en a certainement été atteint, et il n'est pas excessif d'avancer que c'est peut-être dans la préface de cette œuvre haineuse qu'il a puisé l'idée même de sa pièce[2]. Le canevas du *Malade imaginaire* a donc pu être établi au lendemain même du *Bourgeois gentilhomme*, dont il se rapproche tout naturellement encore par ce point.

A ces origines plus ou moins lointaines s'ajoutent des causes plus récentes. En février 1672, Molière a vu mourir Madeleine Béjart, sa plus ancienne et sa plus fidèle amie, celle qui l'a aimé, qui l'a guidé et à qui lui-même et sa troupe doivent tant. Mais quelques

---

1. Voir ci-après le Premier Prologue et la note 1 du Second Prologue, p. 33;
2. Voir d'importants extraits de cette œuvre dans la Documentation thématique.

mois plus tard, le 15 septembre, un nouvel enfant est né dans la famille de Molière; aux côtés de sa petite fille, Esprit Madeleine, âgée de huit ans, il espère maintenant voir grandir l'enfant que l'on baptise Pierre Jean-Baptiste Armand. Pour lui et pour Armande Béjart, dont cette nouvelle maternité doit le rapprocher, il a quitté son logis de la rue Saint-Thomas-du-Louvre, et, le 1ᵉʳ octobre, emménage dans une spacieuse demeure de la rue de Richelieu. Mais le 11 octobre, un nouveau coup du sort le frappe : son enfant meurt, emportant ses derniers espoirs de conserver un héritier qui portât son nom. Que Molière, atteint par ce nouveau deuil, ait accusé, accentué certains traits de la satire des médecins, cela est humain et vraisemblable.

Mais à ces deux raisons particulières s'ajoute, tout en les rejoignant d'ailleurs, le sentiment profond qui dicte à Molière certaines répliques de son *Malade imaginaire* : l'horreur de l'hypocrisie, une horreur qui l'a toujours animé et inspiré. Abandonné et combattu par un collaborateur qui fut son ami, atteint une fois encore au point le plus sensible et le plus noble de ses affections, vieilli et usé, il poursuit son œuvre, car il sait maintenant qu'il n'y a pas de remèdes et qu'il en est de la médecine « comme de ces beaux songes qui ne vous laissent au réveil que le déplaisir de les avoir crus ».

Mais cette comédie, Molière la veut divertissante : elle plaira au peuple et à la ville, elle divertira aussi le roi. Hélas! une ultime déception guette l'auteur. A Noël 1672, il devient évident que *le Malade imaginaire*, paré d'une musique qui n'est pas signée de Lully, ne peut être représenté à la Cour. Alors Molière s'acharne. L'œuvre, dont la « préparation a été commencée » le 22 novembre — avant même d'être achevée —, entre en répétition le 16 janvier : il y aura dix-huit répétitions pour la « comédie », mais cinquante-trois pour les divertissements et la « cérémonie » finale[1]. On jouera *le Malade imaginaire* pour le carnaval, et Béralde pourra dire de la cérémonie : « Le carnaval autorise cela. »

La pièce connaît un immense succès, qu'attestent les recettes des quatre représentations qu'en donne Molière : 1 992, 1 459, 1 879 et 1 219 livres, sommes considérables pour cette époque. Molière meurt au soir de la quatrième représentation, le 17 février.

Le Malade imaginaire a atteint, de 1680 à 1967, 1 656 représentations à la Comédie-Française, et la « cérémonie », par une émouvante tradition, rassemble chaque année, pour l'anniversaire de Molière, toute la troupe de la Comédie-Française. Les quinquets fumeux qui éclairaient pauvrement la scène de Molière ont disparu, et maintenant le rideau se baisse sur le fauteuil où Molière joua le rôle d'Argan, émouvante relique qu'illumine un projecteur.

---

1. On appelle couramment « cérémonie » le divertissement qui termine la pièce et au cours duquel Argan est promu médecin.

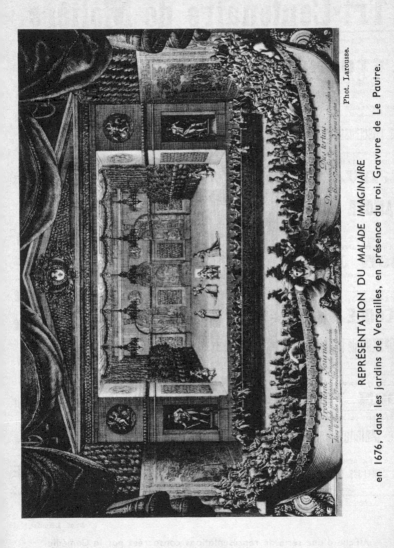

Phot. Larousse.

REPRÉSENTATION DU *MALADE IMAGINAIRE*
en 1676, dans les jardins de Versailles, en présence du roi. Gravure de Le Pautre.

Affiche d'une série de représentations consacrées par la Comédie-Française à l'ensemble des pièces de Molière en 1922, tricentenaire de la naissance de l'écrivain.

ANALYSE DE LA PIÈCE

(Les scènes principales sont indiquées entre parenthèses.)

■ *ACTE PREMIER.* **Comptes d'apothicaire et testament.**

L'action se déroule dans une chambre de la demeure d'Argan, riche bourgeois qui se croit malade et s'est livré aveuglément aux médecins. Seul dans sa chambre, il revoit le mémoire mensuel de son apothicaire, M. Fleurant : en homme pratique et conscient de ses intérêts, il en modifie les chiffres et les totaux, mais en « malade imaginaire » constate avec inquiétude qu'il a pris, ce mois-ci, moins de médecines et de lavements que l'autre **(scène première)**. D'un premier mariage, Argan avait eu deux enfants, Angélique et la petite Louison (huit ans). Angélique paraît et s'entretient avec Toinette de ses tendres sentiments pour Cléante; Argan informe sa fille de son projet de la marier. Naïvement, Angélique croit qu'il s'agit de Cléante et accepte avec bonheur; mais il y avait un malentendu : Argan parle en fait d'un médecin, fils de médecin, Thomas Diafoirus, propre neveu du médecin traitant d'Argan, M. Purgon. Toinette prend la défense d'Angélique. Argan veut un gendre qui soit médecin et, au paroxysme de la colère, menace sa fille de sa malédiction **(scène V)**. Paraît alors Béline, seconde femme d'Argan, qui apaise son mari, semble l'entourer de soins, et lui annonce la venue du notaire, qu'il a fait chercher pour rédiger son testament. Angélique et Toinette se sont retirées; M. Bonnefoi, le notaire, entre. C'est un maître fripon, tout dévoué aux intérêts de Béline, qui n'a épousé Argan que pour en hériter au plus vite, et qui, pour cela, voudrait voir Angélique et, plus tard, Louison dans un couvent. Argan se livre à ce couple odieux **(scène VII)**. Mais Toinette a surpris cette conversation et promet à Angélique son appui.

■ *ACTE II.* **Réceptions et querelles de famille.**

Cléante s'introduit dans la maison comme envoyé du maître de musique d'Angélique. Accueilli avec une surprise mal dissimulée par celle-ci, il est présenté par Toinette à Argan, qui le convie aimablement au prochain mariage de sa fille. Mais voici Cléante contraint d'assister à la réception du prétendant, Thomas Diafoirus, et de son père. Après les compliments d'usage et l'éloge de Thomas, ridicule et hébété, par son père, Argan, en l'absence de Béline, prie Cléante de faire chanter Angélique. Les deux amants, sous le couvert d'un prétendu « opéra », se disent leur amour et leur inquiétude; mais Argan découvre la supercherie, chasse Cléante **(scène V)**; il accueille Béline et, en présence de celle-ci, invite Angélique à « donner la main » à Thomas. La jeune fille se défend,

Béline l'attaque, Angélique dit nettement son fait à sa belle-mère, mais est mise en demeure par son père de choisir, dans les quatre jours, entre Thomas Diafoirus et « un couvent » **(scène VI).** Après une petite consultation, les Diafoirus prennent congé, à l'instant où Béline reparaît et informe Argan de la présence d'un jeune homme chez Angélique. Sur son conseil, Argan interroge Louison, devine, dans le jeune inconnu, Cléante lui-même, et renvoie Louison en se lamentant sur son propre état **(scène VIII).** Son frère Béralde paraît et, pour le distraire, fait venir un divertissement.

■ ACTE III. **La médecine se fâche et pardonne.**

Passant aux choses sérieuses, Béralde tente de raisonner son frère sur sa prétendue maladie, de le mettre en garde contre les médecins; il espère ainsi mieux défendre ensuite le bonheur de sa nièce. Argan ne veut rien entendre **(scène III),** renvoie pourtant le lavement qu'apportait M. Fleurant, et aussitôt s'entend maudire par M. Purgon, qui déchire la donation par lui faite en faveur de son neveu Thomas Diafoirus **(scène V).** Béralde réconforte Argan, effondré, lorsque s'annonce un médecin; c'est Toinette, qui, sous un déguisement, tente de le dégoûter de la médecine **(scène X).** Après cette tentative reste à détacher Argan de l'influence de Béline. Argan contrefait le mort, et apprend d'un coup la duplicité et la noirceur de sa femme, qu'il chasse **(scène XII),** l'affection et la tendresse filiale d'Angélique, en même temps que la noblesse de caractère de Cléante **(scènes XIII et XIV).** Argan consent à l'union des deux jeunes gens et, sur le conseil de Béralde et de Toinette, accepte de recevoir la robe et le bonnet de docteur : et c'est la « cérémonie » finale, en latin macaronique.

L'ACTION ET LES PERSONNAGES

L'action situe donc ainsi les personnages :

Qui
Angélique
« épousera-t-elle » ?

Cléante,	**Thomas Diafoirus,**	le « couvent »,
qu'elle aime,	que lui impose	que suggère par intérêt
avec l'aide de	l'égoïsme d'Argan,	**Béline,**
Toinette	avec l'appui de	seconde femme d'Argan, aidée de
et de	**Diafoirus père** et de **M. Purgon**	**M. Bonnefoi,** notaire, et de **Louison,** dont
Béralde	flanqué de **M. Fleurant**	elle fait sa complice inconsciente

Du point de vue des caractères, le tableau des personnages s'établit ainsi :

hypocrisie
et intérêt
personnels :
Béline
M. Bonnefoi

l'homme remarié
aveuglement

A R G A N

le malade imaginaire
égoïsme

hypocrisie
et intérêt
professionnels :
les Diafoirus,
M. Purgon
M. Fleurant

le père
bonté

sincérité, affection
et bon sens

Cléante
Angélique
Toinette
Béralde
Louison

Ce schéma situe donc **Argan** au centre d'un triangle dont les sommets seraient occupés par trois tendances opposées. Argan, durant sa première union, a sans doute été un bon père et un bon mari. Il se défend d'être bon, mais il répugne à mettre ses filles dans un couvent; écoutons-le parler à sa petite fille, Louison, se désespérer de voir celle-ci morte — ou feindre de le croire et entrer dans le jeu de l'enfant, car rien ne dit absolument qu'il n'entre pas dans le jeu de la fillette —; écoutons parler le fond de sa nature devant le désespoir de sa fille et de son futur gendre : « N'aie point de peur, je ne suis pas mort. Va, tu es mon vrai sang, ma véritable fille, et je suis ravi d'avoir vu ton bon naturel. » (Acte III, scène XIV, ligne 21.) Ce père aurait pu vivre heureux et se consoler de son veuvage entre ses deux filles : **Angélique,** sage et jolie, fraîche et ardente, honnête et fière, plus affectueuse avec son père que les enfants des autres comédies de Molière, plus capable aussi de défendre son bonheur que Lucile *(le Bourgeois gentilhomme)* ou Marianne *(le Tartuffe),* moins parfaite, moins froide qu'Henriette *(les Femmes savantes);* et **Louison,** qui a huit ans, l'âge d'Esprit Madeleine, la fille de Molière et de sa première interprète, la fille des Beauval, gaie et souriante, innocemment précoce peut-être, mais qui n'abandonnerait sa poupée que pour grimper sur les genoux de son père. Celui-ci aurait pu continuer à faire son profit des conseils de son excellent frère, **Béralde,** homme de bon sens comme Ariste *(les Femmes savantes),* moins sermonneur, moins ennuyeux et plus inventif que Cléante *(le Tartuffe)*. Argan aurait encore vieilli entouré des soins et du populaire et aveugle dévouement de sa servante **Toinette,** plus dégrossie que Martine *(les Femmes savantes),* digne réplique de Dorine *(le Tartuffe)* avec un je-ne-sais-quoi de plus attachant. Inquiète du remariage d'Argan, elle a flatté Béline, mais elle a beaucoup moins pensé à elle-même, en agissant ainsi, qu'à sauver le bonheur des deux enfants et peut-être de son maître; en elle, la tendresse et la gaieté s'allient au courage, la générosité et la malice, à la résolution.

Contre cet aspect d'Argan et ce clan sympathique vont se dresser les deux clans de l'hypocrisie et de l'intérêt. C'est qu'**Argan** est devenu un « malade imaginaire », il est aveuglé par l'égoïsme de son corps, comme M. Jourdain par la passion des « gens de qualité » ou Orgon par son Tartuffe; or, si la douce manie du premier ne menace guère ni la famille ni son bonheur, l'aveuglement du second est le pire des dangers : entre MM. Jourdain et Orgon se situe Argan, plus proche du second, entièrement soumis et abandonné aux prescriptions des médecins. Molière fait défiler ceux-ci : le solennel **M. Diafoirus,** infatué de lui-même et de son art, et son fils **Thomas,** en qui il ne faut pas exagérer la caricature ni voir un parfait crétin : il est le plus fin portrait de l'imbécile qu'on puisse imaginer, innocente victime d'une certaine pédagogie. Cupide et hypocrite, voici **M. Purgon.** Il devine qu'il va perdre son meilleur client; sa colère ne connaît plus de bornes et, après la menace nasillarde du bien nommé **M. Fleurant,** il déverse sur Argan le torrent de ses sinistres prophéties.

Aux dangers que représente ce clan, il y a un remède — le vrai! — : qu'Argan se fasse médecin; nous sommes certains que bien nourri par Toinette, bien conseillé par Béralde, choyé et aimé de ses filles et de son gendre, il mènera une vie paisible et heureuse. Mais si un moment nous avons vraiment craint le pire, c'est que se sont insinués près de lui, face à l'intérêt et à l'hypocrisie professionnels des médecins, l'intérêt et l'hypocrisie personnels, privés, de la seconde femme d'Argan : **Béline.** Aidée du notaire, **M. Bonnefoi,** escroc professionnel dont Molière n'a pas poussé la peinture, Béline nous apparaît trois fois : inquiétante tout d'abord, aux petits soins pour son mari dont elle entoure littéralement le fauteuil de son agitation faussement dévouée, tout en guettant la porte du petit cabinet où son notaire attend l'instant propice; puis la voici, toisant le ridicule prétendant, et, soudain, dressée, toutes griffes dehors, face à la clairvoyance d'Angélique, dont elle jure de se venger et qu'elle vient dénoncer quelques instants plus tard; la voici enfin devant son mari prétendu mort. Toinette, habile, vient de le dire : « Je me suis trouvée ici toute seule. Il vient de passer entre mes bras. » Alors, il n'y a pas un instant à perdre et surtout pas pour s'attendrir : quitte à promettre à Toinette une « récompense sûre », Béline ne songe qu'à profiter de la situation et à obtenir enfin, par la mort inopinée de son mari, tout ce qu'elle guette depuis des mois, qui lui ont certes paru des années, « mes plus belles années », dit-elle. Le bon sens de Mme Jourdain était là pour protéger sa fille; la droiture, la noblesse et la générosité d'Elmire — elle aussi épousée en secondes noces — se dressaient contre l'imposture de Tartuffe : face à l'égoïsme aveugle d'Argan et à l'hypocrisie des médecins cupides, Angélique a bien la protection de son courage, de la bonté de son oncle et du dévouement de Toinette : mais elle doit faire face à un autre danger, et le pire de tous : l'hypocrisie du cœur. Béline est dans l'œuvre de Molière la seule femme mariée qui soit aussi odieuse, avec une âme aussi noire et aussi inquiétante.

LA SATIRE DES MÉDECINS ET LA PORTÉE DE L'ŒUVRE

Dominée par le culte d'Hippocrate et de Galien, entièrement soumise à l'opinion de « nos Anciens », la médecine du XVIIe siècle repose sur un petit nombre de principes définis par la physiologie des « tempéraments » et des « humeurs ». Quant à la médication, elle se limite à peu près à trois remèdes : la saignée, « un des principaux mystères de notre métier », assure Guy Patin, les purges et les clystères, prescrits à une telle cadence que les « douze médecines et les vingt lavements » dont parle Argan (acte premier, scène première) ne constituent pas une exagération!

Le corps médical dans son ensemble comprend, d'une part, les apothicaires et les chirurgiens, qui ne sont alors que les auxiliaires de la médecine et ne possèdent aucun diplôme, et, d'autre part, les médecins, qui traitent les premiers avec mépris et bénéficient seuls du privilège que constitue l'exercice de leur art. Nous ne pouvons parler ici des luttes âpres et longues menées par les médecins issus de la faculté de Paris, contre les provinciaux, ceux de la faculté de Montpellier en particulier, contre les adeptes de théories nouvelles (circulation sanguine, usage de l'antimoine) et contre les guérisseurs, les charlatans et les détenteurs de secrets de toutes sortes.

L'impuissance des médecins à guérir les malades, leurs diagnostics contradictoires au sujet d'un même cas, leur habileté à exploiter la crédulité de leurs clients et à en tirer bénéfice constituent des sujets de plaisanterie traditionnels, et depuis longtemps, comme le prouve par exemple le fabliau du *Vilain mire*. La situation de la médecine au XVIIe siècle ne pouvait guère permettre à la malignité populaire de désarmer. En raillant les médecins, Molière ne crée donc pas un thème comique nouveau, il sait qu'il va trouver un écho favorable dans l'esprit de son public[1]. Ce n'est pas que Molière ait des préjugés défavorables à l'égard de la personne des médecins. Le docteur Mauvillain prend souvent place, parmi ses

---

1. Voir la Documentation thématique du *Médecin malgré lui*, 1. 2.

amis, entre Boileau et le peintre Mignard; en faveur du fils de Mauvillain, Molière intercède (voir le troisième placet du *Tartuffe*) auprès de Louis XIV, et quand celui-ci s'étonne d'une telle démarche, l'auteur de *l'Amour médecin* de répondre : « Sire, je lui dois bien cela; il ne m'a pas encore tué. »

Si l'on tient compte de la douzaine de farces qui, dans l'œuvre de Molière, précèdent les comédies authentiques, il faut signaler le *Médecin volant*, de peu d'intérêt, mais dont on retrouve dans le *Malade imaginaire* l'idée du déguisement, ou plutôt des transformations successives et répétées d'un personnage.

Entre ces farces et la dernière comédie, la satire de la médecine apparaît quatre fois. C'est d'abord dans *Dom Juan* (1665) : le valet Sganarelle, déguisé en médecin dans l'espoir d'échapper aux cavaliers qui poursuivent son maître et lui, entreprend l'apologie des médecins et s'entend dire par son maître : « Tout leur art est pure grimace. C'est une des grandes erreurs qui soient parmi les hommes! » (A rapprocher du *Malade imaginaire*, acte III, scène III, ligne 87.) Dans le *Médecin malgré lui* (1666), le paysan Sganarelle, victime d'une vengeance de sa femme, doit, lui aussi, s'affubler d'une robe de médecin; mais les consultations qu'il donne valent tout autant que celles d'un authentique docteur en médecine. Car l'incompétence, l'ignorance, la vanité pédante caractérisent aussi les vrais médecins dans l'exercice de leur profession, comme le prouvent les cinq personnages de *l'Amour médecin* (1665), à chacun desquels Molière a prêté une particularité burlesque d'un de ses comédiens, tout en faisant la caricature de cinq médecins fort en renom de son temps. Enfin, dans *Monsieur de Pourceaugnac* (1669), deux médecins, flanqués d'un apothicaire, exercent leur art aux dépens du malheureux provincial qu'on leur a livré comme étant un fou dangereux, alors qu'il est en parfaite santé. Et leur jargon, hérissé de termes techniques et débité sur un ton d'éloquence pompeuse, fait éclater la monstrueuse vanité de leur ignorance. L'intermède qui suit, et où figurent des médecins grotesques entourant l'apothicaire armé de sa seringue, préfigure déjà la « cérémonie finale » du *Malade imaginaire*. Cette dernière œuvre est comme une synthèse de toutes les précédentes : l'apothicaire falot passe en courant, le médecin traitant se dresse intransigeant et despotique, « l'imbécile », abruti par l'enseignement reçu, étale sa science sous les yeux d'un père aveuglé d'admiration paternelle et de soumission totale à la volonté des Anciens. Dans cette chambre, dont les deux accessoires indispensables sont l'alcôve et le fauteuil, on doit manquer d'air, l'atmosphère est empestée de médicaments et de lavements, la maladie règne en maîtresse, et d'autant plus qu'elle est « imaginaire ». La satire se complète par cette « cérémonie » qui parodie des rites traditionnels à la Faculté. Mais ce qui donne au *Malade imaginaire* sa résonance et sa profondeur c'est la grande scène de Béralde et d'Argan (acte III, scène III).

Molière y donne sa dernière réponse à la question que Sganarelle posait déjà à Dom Juan : « Comment, Monsieur, vous êtes aussi impie en médecine ? » C'est bien d'abord la crédulité humaine qui est cause de tout le mal. M. Purgon pourrait dire comme M. Filerin, qui, dans *l'Amour médecin*, joue le rôle de conciliateur entre ses quatre confrères, dont les querelles risquent de compromettre tout le corps médical : « Profitons de la sottise des hommes, le plus doucement possible. Nous ne sommes pas les seuls, comme vous savez, qui tâchons à nous prévaloir de la faiblesse humaine. » Argan n'a jamais osé raisonner sur la véritable valeur d'une science qui apporte tant d'appuis à son propre égoïsme. Mais il se sent d'autant plus fort qu'il a pour lui l'opinion commune : tout le monde a recours aux médecins. Face à Béralde, qui prétend s'en remettre à la seule nature, Argan n'est plus seulement le « malade imaginaire », mais le porte-parole de bien des gens qui se croient raisonnables ; quand son frère prétend qu'il n'y a *rien* à faire contre la maladie, et qu'il faut laisser agir la nature, Argan affirme : « Mais il faut demeurer d'accord, mon frère, qu'on peut aider cette nature par de certaines choses. » Béralde n'admet point cette collaboration de la science et de la nature. Est-il ici l'interprète direct des idées de Molière ? L'insistance, la précision avec laquelle Béralde témoigne de sa confiance absolue et exclusive dans la nature et, plus encore, l'allusion faite par Molière à sa propre personne (acte III, scène III, lignes 161-194) ne permettent guère d'en douter. Ce refus total de la médecine, poussé jusqu'au paradoxe par les nécessités du grossissement théâtral, ne saurait toutefois passer pour une sorte de culte optimiste de la nature opposé à la superstition d'une fausse science. Molière n'oppose pas un refus définitif à la médecine, puisque Béralde dit : « Les ressorts de notre machine sont des mystères, **jusques ici**, où les hommes ne voient goutte. »

Ce dont est sûr l'auteur du *Malade imaginaire*, c'est de l'impuissance où stagne la médecine de son temps ; il en a fait lui-même la triste expérience ; ce qui l'indigne, c'est la prétention de tant de médecins, ratés, arrivistes ou hypocrites. Ce sont sans doute les Argans qui font les Purgons et les Diafoirus. Mais, face à l'aveugle confiance de leurs patients, les médecins dignes de ce nom devraient avoir l'honnêteté intellectuelle de reconnaître leurs insuffisances et posséder les qualités du cœur qui établissent entre leurs malades et eux des liens de compréhension humaine. L'intervention de Toinette, déguisée en médecin, ne peut que confirmer cette leçon : elle représente ici les charlatans et les guérisseurs. Mais comment Argan (et bien d'autres malades feraient comme lui) distinguerait-il le faux médecin du vrai, puisque l'un et l'autre usent du même jargon pour masquer leur ignorance et écraser leur client de leur supériorité ?

Telle est, par-delà la farce, la leçon profonde du *Malade imaginaire*. Elle n'a point perdu de son actualité. Si grands qu'aient été les progrès de la médecine depuis trois siècles, le grand problème reste pour elle de savoir dans quelle mesure elle doit, pour guérir l'homme, « aider la nature » ou la forcer. Et les conquêtes de la science ont rendu plus impératives encore les vertus sociales et humaines du médecin, mais n'ont pas enlevé à certains d'entre eux la tentation d'exploiter leurs malades : Jules Romains, en créant le personnage du docteur Knock (1923), montrera ce qu'est devenu M. Purgon au XX⁰ siècle.

LES SOURCES DU « MALADE IMAGINAIRE »

De toutes les comédies de Molière, *le Malade imaginaire* est bien de celles où l'auteur n'a guère fait appel à ses souvenirs littéraires. Peu importe, après tout, que la ruse de Cléante, déguisé en maître de musique (acte II, scène V), soit inspirée par une scène du *Dom Bertrand de Cigarral* (1650) de Thomas Corneille, qui avait lui-même imité *Don Lucas de Cigarral* (1637) de l'Espagnol Francisco de Rojas, ou que les Diafoirus soient empruntés à une comédie de Brécourt, aujourd'hui perdue. A l'occasion, Molière s'imite lui-même, comme dans la scène V de l'acte premier, où la querelle d'Argan et de Toinette reproduit presque textuellement le dialogue des *Fourberies de Scapin* (acte premier, scène IV), qui oppose Argante et Scapin. C'est surtout dans sa propre œuvre que Molière, on l'a vu, a mûri cette satire des médecins qui culmine dans *le Malade imaginaire*. Mais, dans les comédies antérieures, les victimes de la médecine étaient, tels Gorgibus, dans *le Médecin malgré lui*, ou M. de Pourceaugnac, des dupes naïves ou involontaires; en créant le personnage d'Argan, Molière va plus loin et façonne le caractère qui, par son égoïste besoin de tout ramener à sa propre santé, offre aux médecins une belle occasion d'exercer leur cupidité, mais risque fort peu d'attirer la compassion de son entourage. Sur ce point, Molière rejoint les observations de Montaigne (voir la Doc. thématique). Ce n'est pas la seule fois que l'on observe une telle concordance de pensée avec l'auteur des *Essais*, sans qu'on puisse dire que Molière ait trouvé dans Montaigne l'idée qui a fait germer en son esprit le personnage d'Argan.

LE COMIQUE

Si graves que soient au fond les questions soulevées par *le Malade imaginaire*, Molière a voulu en faire une franche comédie, où toute la gamme des effets comiques soit utilisée.

La *farce* y est représentée par le comique de gestes et le comique de mots. Argan poursuit Toinette, et on assiste à une véritable bataille d'oreillers (acte premier, scène V). La servante se déguise en médecin et la « cérémonie » elle-même est une mascarade. Dans le comique de mots, c'est évidemment le langage professionnel qui domine, celui des médecins. Molière tire un effet comique du rapprochement de mots en *ie*, dans la scène de M. Purgon (acte III, scène V); on parle latin, dans la comédie et dans le divertissement, et, au « Sans dot » de *l'Avare*, au « Le pauvre homme! » du *Tartuffe*, à tant d'autres exemples de comique de répétition, s'ajoute celui de « Le poumon! », dans la scène X du troisième acte du *Malade imaginaire*.

Le comique de situation a aussi sa place. Les quiproquos (Cléante pris par Argan pour un authentique maître de musique), les rencontres inattendues, les oppositions cocasses de personnages abondent ici, et par trois fois la même supercherie se répète, mais toujours de manière différente : après sa petite fille Louison, qui contrefait la morte, c'est Argan lui-même qui joue de la même ruse pour connaître les véritables sentiments de sa femme, puis de sa fille, Angélique.

Comme dans *les Femmes savantes*, le comique de mœurs tient une place importante : la peinture des médecins, par leur langage et leur prétention, est en tout point comparable à celle des Précieuses, et l'on retrouve entre M. Purgon et les Diafoirus la même diversité qu'entre Bélise, Armande et Philaminte.

Enfin, le comique de caractère domine avec le personnage central d'Argan, bien meilleur père qu'Harpagon, tenaillé par son égoïsme et sa hantise de la maladie, ce qui en fait un jouet entre les mains des médecins, naïf jusqu'à l'aveuglement devant ceux qui abusent de lui, et, au premier rang, devant Béline et son associé, le notaire.

Des traits de comique semblables, d'autres auteurs en donneraient aussi de bons exemples. Mais le génie de Molière unit toutes ces sources de comique, les dose, met l'accent tour à tour sur l'une ou l'autre, et d'un rien fait un petit chef-d'œuvre. Le monologue liminaire de l'œuvre demeurera à ce titre l'exemple d'une des plus belles réussites du théâtre comique.

A ces sources éternelles du rire s'ajoutent les « agréments » et les divertissements que peut procurer l'union de la poésie, de la musique et de la danse, c'est-à-dire le genre de la « comédie-ballet ».

Si *le Malade imaginaire* est la synthèse des opinions de Molière sur les médecins, la médecine et la faiblesse humaine, elle est aussi une anthologie, la plus complète, et peut-être la plus parfaite, de l'art comique de Molière.

LE VOCABULAIRE DE LA MÉDECINE
ET DE LA MALADIE

Le sujet même de la pièce imposait l'emploi d'un vocabulaire qui concerne les deux façons d'envisager la maladie : le point de vue du médecin et celui du patient. Tout en conservant cette distinction fondamentale, nous avons cependant fait deux groupes :

1º D'une part, on a réuni en un premier ensemble les mots clés qui jalonnent la pièce avec une certaine fréquence. Ceux-ci, dans le texte, sont accompagnés d'un astérisque*;

2º Un deuxième ensemble est formé de mots ou d'expressions qui apparaissent plus rarement ou même, ce qui est le cas pour certains termes techniques, une seule fois. C'est pourquoi il n'a pas été jugé utile de les signaler dans le texte par un signe particulier.

Les deux séries sont intérieurement divisées selon les deux points de vue indiqués plus haut. Et chaque mot est suivi de sa référence dans le texte (les chiffres renvoyant à l'**acte;** à la scène; à la ligne de la scène).

1º MOTS ACCOMPAGNÉS D'UN ASTÉRISQUE

A. La science médicale et ses moyens d'action :

Mentionnons d'abord la **médecine** (I, II, 51 — III, III, 63, 16, 141, 157, 166, 167 — III, IV, 10, 29 — III, V, 22 — III, VI, 4 — III, VII, 4 — III, X, 23 — III, XI, 25). Au sens de *remède* une **médecine** apparaît aussi souvent (I, I, 24, 37, 52, 54 — I, VI, 75 — III, III, 56 — III, IV, 15 — III, V, 47 — III, XII, 21). Le symbole de la médecine est la **Faculté** (III, III, 182 — III, XIV, 70, 79), ce qui autorise la création de cette expression : un crime de **lèse-Faculté** (III, V, 25) et l'emploi de cette autre : **les règles de l'art** (II, V, 161 — III, V, 13).

Le **médecin** est naturellement cité à de nombreuses reprises (I, V, 49, 62, 72, 80, 95, 96 — II, IV, 13 — II, V, 88, 155, 164 — III, II, 8 — III, III, 31, 46, 79, 86, 94, 97, 103, 132, 147, 149, 164, 165, 170, 175, 177, 184, 186 — III, IV, 24 — III, V, 7, 53 — III, VI, 23 — III, VII, 1, 3, 4, 11 — III, IX, 8 — III, X, 19, 33, 41, 44, 71, 90, 118, 120 — III, XI, 4 — III, XIV, 36, 37, 39, 43, 47, 54, 64, 82). L'auxiliaire du médecin est ici l'**apothicaire** (I, I, 2, 8, 14 — III, III, 43, 45 — III, XIV, 39).

L'action médicale prend plusieurs aspects : la **consultation,** (I, V, 84 — III, III, 169 — III, X, 111); la prescription s'exprime par **ordonner** (II, V, 168 — II, VI, 153, 162 — III, III, 179 — III,

V, 56 — **III**, X, 1, 72) et **ordonnance** (**I**, I, 17, 26, 45 — **I**, II, 51 — **I**, V, 84 — **II**, IX, 22 — **III**, III, 169 — **III**, IV, 10, 17 — **III**, V, 2). Le mot **remèdes**, synonyme de *médecine* (cité plus haut) et de **médicament** (**II**, VI, 166), apparaît treize fois (**I**, II, 49 — **I**, V, 83 — **II**, V, 168 — **III**, III, 124, 189, 191 — **III**, IV, 16, 25 — **III**, V, 3, 56 — **III**, VI, 21 — **III**, X, 34 — **III**, XIV, 53). Par deux fois le mot **potion** est précisé par des qualificatifs : **anodine et astringente** (**I**, I, 32), **cordiale et préservative** (**I**, I, 43-44), mais le grand moyen reste le **clystère** (**I**, I, 5, 16, 33, 35 — **III**, IV, 11 — **III**, V, 9, 38), souvent repris par le mot **lavement** (**I**, I, 12, 53, 54 — **I**, II, 38, 39 — **I**, VI, 75 — **III**, III, 180 — **III**, IV, 3, 5, 21 — **III**, XII, 21); leurs qualités sont parfois indiquées : **insinuatif, préparatif et rémollient** (**I**, I, 6); **détersif** (**I**, I, 16); **carminatif** (**I**, I, 33).

B. Le patient et son mal :

La **maladie** revient quatorze fois (**I**, V, 81 — **II**, VIII, 102 — **III**, III, 82, 93, 125, 193 — **III**, IV, 24 — **III**, VI, 10 — **III**, VII, 16 — **III**, X, 24, 26, 32, — **III**, XI, 34 — **III**, XIV, 46, 53, 57). Le **mal**, pris dans le sens de *maladie*, vient quelquefois relayer ce dernier mot (**III**, III, 194, 197 — **III**, IV, 32 — **III**, X, 56). **Faiblesse** (**II**, IX, 5 — **III**, XIII, 9) s'oppose à **santé** (**I**, V, 98 — **III**, IV, 29).

Malade, pris comme nom ou adjectif, jalonne le texte (**I**, I, 12, 28, 47, 66 — **I**, V, 79, 87, 88, 89, 90, 92, 94, 173, 201 — **I**, VI, 19 — **II**, II, 7, 31 — **II**, V, 5, 21, 89, 163 — **II**, VI, 149 — **III**, III, 47, 50, 117, 178 — **III**, V, 7 — **III**, X, 5, 22, 44, 48, 116). **Infirme** (**I**, V, 79) n'apparaît qu'une fois.

Le malade est plus atteint psychologiquement que physiquement. Il n'espère plus **guérir** (**II**, V, 164, 166, 169 — **III**, III, 72, 74, 83, 88 — **III**, IV, 23 — **III**, V, 50 — **III**, X, 115); **se guérir** (**III**, XV, 46). Il se fait pitié, se qualifiant de **pauvre** (**I**, I, 66) et de **pitoyable** (**I**, I, 67). Ce qu'il redoute le plus, c'est l'abandon et la mort. Aussi trouve-t-on plusieurs fois le verbe **laisser** (**I**, I, 58, 65, 69 — **I**, II, 14, 24), précisé parfois de **seul** ou de **mourir**, qui revient seize fois (**I**, I, 58, 66, 69 — **I**, V, 206 — **I**, VI, 23 — **III**, III, 178 — **III**, VI, 21); la **mort** le hante (**III**, XII, 16, 29, 47 — **III**, XIV, 21), ainsi que l'**agonie** (**III**, X, 33).

2° MOTS SANS ASTÉRISQUE

A. L'action médicale :

Deux instruments indispensables d'abord : le **bassin** (**I**, III, 4) et la **seringue** (**III**, IV); puis des médications : le **bouillon** (**I**, II, 44 — **III**, X, 78); le **julep**, qualifié de **soporatif** et de **somnifère** (**I**, I, 20); le **médicament** (**II**, VI, 166); la **purgation** (**III**, III, 109 — **III**, VIII, 3); enfin, des procédés chirurgicaux : la **saignée** (**III**, III, 109, 180 — **III**, VIII, 2).

Dans la composition des remèdes entrent : le **bézoard (I,** I, 44); la **casse (I,** I, 25 — **III,** I, 2, 3); le **catholicon (I,** I, 16); la **grenade (I,** I, 45); le **limon (I,** I, 44); le **miel rosat (I,** I, 17); la **rhubarbe (I,** I, 17) et le **séné (I,** I, 25).

Le diagnostic nécessite l'emploi de termes techniques : l'**apepsie (III,** V, 72, 74); la **bradypepsie (III,** V, 67, 70); la **dysenterie (III,** V, 76, 78); la **dyspepsie (III,** V, 70, 72); la **fièvre (III,,** X, 27) et ses variantes : **fièvre pourprée (III,** X, 28), **fiévrote (III,** X, 26); **fluxion (III,** X, 25); l'**hydropisie (III,** V, 78, 80 — **III,** X, 29), l'**inflammation de poitrine (III,** X, 30); la **lienterie (III,** V, 74, 76); la **peste (III,** X, 29); la **pleurésie (III,** X, 29); les **rhumatismes (III,** X, 25); le **transport au cerveau (III,** X, 28). D'une façon plus vague ou plus générale, on peut souffrir d'un **état incurable (III,** V, 65 — **III,** VI, 13), d'une **intempérie (II,** VI, 145 — **III,** V, 59) ou d'une **mauvaise constitution (III,** V, 59).

B. Le patient et son mal :

Les symptômes sont les suivants : l'**appétit (III,** X, 62); les **coliques (III,** X, 61); les **douleurs (III,** X, 51, 60); les **lassitudes (III,** X, 58); les **migraines (III,** X, 26); le **pouls (II,** VI, 132, 134, 136 — **III,** X, 38, 40 — **III,** XI, 5) et ses aspects : **duriuscule (II,** VI, 138), **repoussant (II,** VI, 141), **caprisant (II,** VI, 143); le **sommeil (III,** X, 67); les **vapeurs (III,** X, 26); un **voile devant les yeux (III,** X, 53).

Voici, enfin, les parties du corps qui peuvent être affectées : les **membres (III,** X, 58); le **ventre (I,** I, 18 — **III,** X, 61, 82 — **III,** XII, 21); le **cerveau (II,** II, 5, 19, 48 — **III,** III, 137); le **cœur (III,** III, 138 — **III,** X, 56, 158); les **entrailles (I,** I, 7, 9 — **III,** III, 136 — **III,** V, 15, 60); le **foie (II,** VI, 148 — **III,** III, 138 — **III,** X, 45); la **poitrine (III,** III, 137); le **poumon (III,** X, 47, 49, 52, 55, 57, 59, 62, 65); la **rate (II,** VI, 146 — **III,** III, 137 — **III,** X, 46); le **pylore (II,** VI, 152). Certains termes reflètent même toute la science anatomique des médecins : le **bas breve (II,** VI, 152); les **méats cholidoques (II,** VI, 152); le **parenchyme (II,** VI, 146, 150). La physiologie des **humeurs (I,** I, 38 — **III,** V, 44, 61) donne lieu à des allusions au **sang (I,** I, 42 — **II,** V, 130 — **III,** III, 136 — **III,** V, 60 — **III,** X, 87), à la **bile (I,** II, 40 — **I,** VI, 25 — **III,** III, 197 — **III,** V, 61), à la **chaleur naturelle (III,** III, 139) et au **tempérament (III,** III, 55 — **III,** VI, 26).

LE MALADE IMAGINAIRE À LA COMÉDIE-FRANÇAISE (1950)

Béralde (J. Servière), Argan (L. Seigner), Toinette (Béatrice Bretty).

PERSONNAGES[1]

ARGAN	malade imaginaire.
BÉLINE	seconde femme d'Argan.
ANGÉLIQUE	fille d'Argan et amante de Cléante.
LOUISON	petite fille d'Argan et sœur d'Angélique.
BÉRALDE	frère d'Argan.
CLÉANTE	amant d'Angélique.
MONSIEUR DIAFOIRUS	médecin.
THOMAS DIAFOIRUS	son fils et amant d'Angélique.
MONSIEUR PURGON	médecin d'Argan.
MONSIEUR FLEURANT	apothicaire.
MONSIEUR BONNEFOI	notaire.
TOINETTE	servante.

LA SCÈNE EST À PARIS.

1. Nous ne connaissons pas la distribution exacte des premières représentations. Nous pouvons cependant considérer comme établis les rôles suivants : *Argan*, Molière; *Angélique*, Armande Béjart; *Toinette*, Mlle Beauval; *Louison*, Jeanne-Catherine Beauval (8 ans); *Thomas Diafoirus*, Beauval; *Cléante*, La Grange; *Béralde*, Du Croisy; *Fleurant* ou *Purgon*, La Thorillière. — Baron, disciple de Molière, jouait aussi, mais on ne sait dans quel rôle.

LE MALADE IMAGINAIRE

PROLOGUE

Après les glorieuses fatigues et les exploits victorieux de notre auguste monarque, il est bien juste que tous ceux qui se mêlent d'écrire travaillent ou à ses louanges ou à son divertissement. C'est ce qu'ici l'on a voulu faire, et ce prologue est un essai des louanges de ce grand prince, qui donne entrée à la comédie du *Malade imaginaire*, dont le projet a été fait pour le délasser de ses nobles travaux.

(La décoration représente un lieu champêtre, et néanmoins fort agréable.)

ÉGLOGUE

EN MUSIQUE ET EN DANSE

FLORE, PAN, CLIMÈNE, DAPHNÉ, TIRCIS, DORILAS, DEUX ZÉPHYRS, TROUPE DE BERGÈRES ET DE BERGERS

FLORE
Quittez, quittez vos troupeaux,
Venez, bergers, venez, bergères,
Accourez, accourez sous ces tendres ormeaux ;
Je viens vous annoncer des nouvelles bien chères
5   Et réjouir tous ces hameaux.
Quittez, quittez vos troupeaux,
Venez, bergers, venez, bergères,
Accourez, accourez sous ces tendres ormeaux.

CLIMÈNE ET DAPHNÉ
Berger, laissons là tes feux,
10   Voilà Flore qui nous appelle.

TIRCIS ET DORILAS
Mais au moins dis-moi, cruelle,

TIRCIS
Si d'un peu d'amitié tu payeras mes vœux.

DORILAS
Si tu seras sensible à mon ardeur fidèle.

CLIMÈNE ET DAPHNÉ
Voilà Flore qui nous appelle.

TIRCIS ET DORILAS

15   Ce n'est qu'un mot, un mot, un seul mot que je veux.

TIRCIS

Languirai-je toujours dans ma peine mortelle?

DORILAS

Puis-je espérer qu'un jour tu me rendras heureux?

CLIMÈNE ET DAPHNÉ

Voilà Flore qui nous appelle.

ENTRÉE DE BALLET

Toute la troupe des bergers et des bergères va se placer en cadence autour de Flore.

CLIMÈNE

Quelle nouvelle parmi nous,
Déesse, doit jeter tant de réjouissance?

DAPHNÉ

Nous brûlons d'apprendre de vous
Cette nouvelle d'importance.

DORILAS

5   D'ardeur nous en soupirons tous.

TOUS ENSEMBLE

Nous en mourons d'impatience.

FLORE

La voici; silence, silence!
Vos vœux sont exaucés, LOUIS est de retour;
Il ramène en ces lieux les plaisirs et l'amour,
10   Et vous voyez finir vos mortelles alarmes;
Par ses vastes exploits son bras voit tout soumis,
Il quitte les armes
Faute d'ennemis.

TOUS ENSEMBLE

Ah! quelle douce nouvelle!
15   Qu'elle est grande! qu'elle est belle!
Que de plaisirs, que de ris, que de jeux!
Que de succès heureux!
Et que le ciel a bien rempli nos vœux!
Ah! quelle douce nouvelle!
20   Qu'elle est grande! qu'elle est belle!

AUTRE ENTRÉE DE BALLET

Tous les bergers et bergères expriment par des danses les transports de leur joie.

FLORE

De vos flûtes bocagères
Réveillez les plus beaux sons :
LOUIS offre à vos chansons
La plus belle des matières.

5   Après cent combats
Où cueille son bras
Une ample victoire,
Formez entre vous
Cent combats plus doux
10   Pour chanter sa gloire.

TOUS

Formons entre nous
Cent combats plus doux
Pour chanter sa gloire.

FLORE

Mon jeune amant, dans ce bois
15   Des présents de mon empire
Prépare un prix à la voix
Qui saura le mieux vous dire
Les vertus et les exploits
Du plus auguste des rois[1].

CLIMÈNE

20   Si Tircis a l'avantage,

DAPHNÉ

Si Dorilas est vainqueur,

CLIMÈNE

A le chérir je m'engage.

DAPHNÉ

Je me donne à son ardeur.

TIRCIS

O trop chère espérance !

DORILAS

25   O mot plein de douceur !

TOUS DEUX

Plus beau sujet, plus belle récompense,
Peuvent-ils animer un cœur ?

---

1. Ce thème du concours de chant entre deux bergers est familier à l'églogue.

Les violons jouent un air pour animer les deux bergers au combat, tandis que Flore, comme juge, va se placer au pied d'un bel arbre qui est au milieu du théâtre, avec deux Zéphyrs, et que le reste, comme spectateurs, va occuper les deux côtés de la scène.

TIRCIS

Quand la neige fondue enfle un torrent fameux,
Contre l'effort soudain de ses flots écumeux
30   Il n'est rien d'assez solide;
Digues, châteaux, villes et bois,
Hommes et troupeaux à la fois,
Tout cède au courant qui le guide.
Tel, et plus fier, et plus rapide,
35   Marche LOUIS dans ses exploits.

BALLET

Les bergers et bergères du côté de Tircis dansent autour de lui, sur une ritournelle, pour exprimer leurs applaudissements.

DORILAS

Le foudre menaçant qui perce avec fureur
L'affreuse obscurité de la nue enflammée
Fait d'épouvante et d'horreur
Trembler le plus ferme cœur;
40   Mais à la tête d'une armée
LOUIS jette plus de terreur.

BALLET

Les bergers et bergères du côté de Dorilas font de même que les autres.

TIRCIS

Des fabuleux exploits que la Grèce a chantés,
Par un brillant amas de belles vérités,
Nous voyons la gloire effacée;
45   Et tous ces fameux demi-dieux
Que vante l'histoire passée
Ne sont point à notre pensée
Ce que LOUIS est à nos yeux.

BALLET

Les bergers et bergères de son côté font encore la même chose.

DORILAS

50
LOUIS fait à nos temps, par ses faits inouïs,
Croire tous les beaux faits que nous chante l'histoire
Des siècles évanouis;
Mais nos neveux, dans leur gloire,
N'auront rien qui fasse croire
Tous les beaux faits de LOUIS.

BALLET

*Les bergères de son côté font encore de même, après quoi les deux
partis se mêlent.*

PAN, *suivi de six faunes.*

55
Laissez, laissez, bergers, ce dessein téméraire;
Hó! que voulez-vous faire?
Chanter sur vos chalumeaux
Ce qu'Apollon sur sa lyre,
Avec ses chants les plus beaux,
60
N'entreprendrait pas de dire?
C'est donner trop d'essor au feu qui vous inspire,
C'est monter vers les cieux sur des ailes de cire,
Pour tomber dans le fond des eaux.
Pour chanter de LOUIS l'intrépide courage,
65
Il n'est point d'assez docte voix,
Point de mots assez grands pour en tracer l'image;
Le silence est le langage
Qui doit louer ses exploits.
Consacrez d'autres soins à sa pleine victoire,
70
Vos louanges n'ont rien qui flatte ses désirs,
Laissez, laissez là sa gloire,
Ne songez qu'à ses plaisirs.

TOUS

Laissons, laissons là sa gloire,
Ne songeons qu'à ses plaisirs.

FLORE

75
Bien que, pour étaler ses vertus immortelles,
La force manque à vos esprits,
Ne laissez pas tous deux de recevoir le prix.
Dans les choses grandes et belles,
Il suffit d'avoir entrepris.

ENTRÉE DE BALLET

Les deux Zéphyrs dansent avec deux couronnes de fleurs à la main,
qu'ils viennent donner ensuite aux deux bergers.

CLIMÈNE ET DAPHNÉ, *en leur donnant la main.*

Dans les choses grandes et belles,
Il suffit d'avoir entrepris.

TIRCIS ET DORILAS

Ah! que d'un doux succès notre audace est suivie!

FLORE ET PAN

Ce qu'on fait pour LOUIS, on ne le perd jamais.

LES QUATRE AMANTS

5   Au soin de ses plaisirs donnons-nous désormais.

FLORE ET PAN

Heureux, heureux qui peut lui consacrer sa vie!

TOUS

Joignons tous dans ces bois
Nos flûtes et nos voix,
Ce jour nous y convie,
10   Et faisons aux échos redire mille fois :
LOUIS est le plus grand des rois.
Heureux, heureux qui peut lui consacrer sa vie!

DERNIÈRE ET GRANDE ENTRÉE DE BALLET

Faunes, bergers et bergères, tous se mêlent, et il se fait entre eux
des jeux de danses après quoi ils se vont préparer pour la comédie.

AUTRE PROLOGUE[1]

Le théâtre représente une forêt. L'ouverture du théâtre se fait par un bruit agréable d'instruments. Ensuite une bergère vient se plaindre tendrement de ce qu'elle ne trouve aucun remède pour soulager les peines qu'elle endure. Plusieurs Faunes et Ægypans, assemblés pour des fêtes et des jeux qui leur sont particuliers, rencontrent la bergère. Ils écoutent ses plaintes, et forment un spectacle très divertissant.

Votre plus haut savoir n'est que pure chimère,
    Vains et peu sages médecins;
Vous ne pouvez guérir, par vos grands mots latins,
    La douleur qui me désespère :
5 Votre plus haut savoir n'est que pure chimère.

    Hélas! hélas! je n'ose découvrir
        Mon amoureux martyre
      Au berger pour qui je soupire,
10   Et qui seul peut me secourir.
        Ne prétendez pas le finir,
Ignorants médecins; vous ne sauriez le faire :
Votre plus haut savoir n'est que pure chimère.

Ces remèdes peu sûrs, dont le simple vulgaire
Croit que vous connaissez l'admirable vertu,
15 Pour les maux que je sens n'ont rien de salutaire.
Et tout votre caquet ne peut être reçu
    Que d'un MALADE IMAGINAIRE.
Votre plus haut savoir n'est que pure chimère,
    Vains et peu sages médecins, etc.

(Le théâtre change et représente une chambre.)

---

1. Seul prologue indiqué dans l'édition de 1674. Sans allusion aux « exploits » de 1672, ce second prologue peut n'être qu'un fragment du premier, ou un texte destiné à remplacer le premier. La seule certitude à ce sujet est que ce prologue fut joué lors de la reprise de l'œuvre, le 4 mai 1674.

ACTE PREMIER

Scène première. — ARGAN.

ARGAN, *seul dans sa chambre, assis,* (1) *une table devant lui, compte des parties¹ d'apothicaire* avec des jetons² ; il fait, parlant à lui-même, les dialogues suivants.* — Trois et deux font cinq, et cinq font dix, et dix font vingt. Trois et deux font
5 cinq. « Plus, du vingt-quatrième³, un petit clystère* insinuatif, préparatif et rémollient⁴*, pour amollir, humecter et rafraîchir les entrailles de monsieur. » Ce qui me plaît de monsieur Fleurant, mon apothicaire*, c'est que ses parties sont toujours fort civiles. « Les entrailles de monsieur, trente
10 sols. » Oui; mais, monsieur Fleurant, ce n'est pas tout que d'être civil, il faut être aussi raisonnable et ne pas écorcher les malades*. Trente sols un lavement*! Je suis votre serviteur, je vous l'ai déjà dit. Vous ne me les avez mis dans les autres parties qu'à vingt sols, et vingt sols en langage d'apo-
15 thicaire*, c'est-à-dire dix sols; les voilà, dix sols. « Plus, dudit jour, un bon clystère* détersif⁵*, composé, avec catholicon⁶ double, rhubarbe, miel rosat et autres, suivant l'ordonnance*, pour balayer, laver et nettoyer le bas-ventre de monsieur, trente sols. » Avec votre permission, dix sols. « Plus, dudit
20 jour, le soir, un julep⁷ hépatique, soporatif et somnifère, composé pour faire dormir monsieur, trente-cinq sols. » Je ne me plains pas de celui-là, car il me fit bien dormir. Dix, quinze, seize et dix-sept sols six deniers. « Plus, du vingt-cinquième, une bonne médecine* purgative et corroborative⁸,
25 composée de casse⁹ récente avec séné levantin et autres, sui-

---

1. *Parties :* mémoire détaillé où sont énumérées toutes les marchandises livrées;
2. Cf. la Documentation thématique; 3. *Le 24 du mois :* le mémoire de l'apothicaire est établi mensuellement; 4. *Rémollient :* on dit plus couramment « émollient »; 5. *Détersif :* qui nettoie, purifie; 6. *Catholicon :* remède universel (du grec *catholicos*) préparé avec séné et rhubarbe; 7. *Julep :* potion calmante; 8. *Corroboratif :* qui fortifie; 9. *Casse :* végétal exotique qui, comme le *séné* cité tout de suite après, sert à la fabrication de médecines purgatives.

─────── QUESTIONS ───────

1. Imaginez le personnage, son habillement, la pièce appelée « chambre » (voir l'illustration, page 137). Demandez-vous s'il doit ou non rester *assis* à cette table durant tout le monologue.

vant l'ordonnance* de monsieur Purgon, pour expulser et
évacuer la bile de monsieur, quatre livres. » Ah! monsieur
Fleurant, c'est se moquer, il faut vivre avec les malades*.
Monsieur Purgon ne vous a pas ordonné de mettre quatre
30 francs[1]. Mettez, mettez trois livres, s'il vous plaît. Vingt et
trente sols. « Plus, dudit jour, une potion anodine[2] et astrin-
gente* pour faire reposer monsieur, trente sols. » Bon... dix
et quinze sols. « Plus, du vingt-sixième, un clystère* carminatif[3]*
pour chasser les vents de monsieur, trente sols. » Dix sols,
35 monsieur Fleurant. « Plus le clystère* de monsieur réitéré le
soir, comme dessus, trente sols. » Monsieur Fleurant, dix sols.
« Plus, du vingt-septième, une bonne médecine* composée
pour hâter d'aller, et chasser dehors les mauvaises humeurs[4]
de monsieur, trois livres. » Bon, vingt et trente sols; je suis
40 bien aise que vous soyez raisonnable. « Plus, du vingt-huitième,
une prise de petit-lait clarifié et dulcoré[5], pour adoucir, léni-
fier, tempérer et rafraîchir le sang de monsieur, vingt sols. »
Bon, dix sols. « Plus une potion cordiale* et préservative*,
composée avec douze grains de bézoard[6], sirop de limon[7]
45 et grenade, et autres suivant l'ordonnance*, cinq livres. »
Ah! monsieur Fleurant, tout doux, s'il vous plaît; si vous
en usez comme cela, on ne voudra plus être malade*, conten-
tez-vous de quatre francs; (2) vingt et quarante sols. Trois
et deux font cinq, et cinq font dix, et dix font vingt. Soixante
50 et trois livres quatre sols six deniers. Si bien donc que, de ce
mois, j'ai pris une, deux, trois, quatre, cinq, six, sept et huit
médecines*, et un, deux, trois, quatre, cinq, six, sept, huit,
neuf, dix, onze et douze lavements*; et l'autre mois, il y avait

---

1. Le *franc* et la *livre* représentent pratiquement à cette époque la même valeur;
la livre est divisée en vingt sols, et le sol (ou sou) en douze deniers; 2. *Anodin* : qui
calme la douleur (sens premier de cet adjectif dans le langage médical); 3. *Carminatif* : qui dissipe; 4. Les *humeurs* désignent, dans la médecine de ce temps, les sub-
stances liquides (sang, bile, etc.) du corps humain; leur déséquilibre provoque les
maladies, et le rôle du médecin est de rétablir le bon équilibre des humeurs;
5. *Dulcoré* (on dit généralement *édulcoré*) : adouci par du sucre ou du miel (terme
de pharmacie); 6. *Bézoard* : concrétions calcaires qui se forment dans l'appareil
digestif de certains quadrupèdes et qui passaient pour avoir des vertus curatives;
7. *Limon* : sorte de citron.

QUESTIONS

2. Comment toute cette dernière phrase révèle-t-elle un double aspect
du caractère d'Argan? Quel aveu inconscient fait-il en disant qu'*on ne
voudra plus être malade*?

douze médecines* et vingt lavements*. Je ne m'étonne pas
55 si je ne me porte pas si bien ce mois-ci que l'autre. (3) Je le dirai
à monsieur Purgon, afin qu'il mette ordre à cela. Allons,
qu'on m'ôte tout ceci. Il n'y a personne? J'ai beau dire, on
me laisse* toujours seul*; il n'y a pas moyen de les arrêter
ici. *(Il agite une sonnette*[1] *pour faire venir ses gens.)* Ils n'en-
60 tendent point, et ma sonnette ne fait pas assez de bruit. Drelin,
drelin, drelin, point d'affaire. Drelin, drelin, drelin, ils sont
sourds... Toinette! drelin, drelin, drelin. Tout comme si je
ne sonnais point. Chienne! coquine! Drelin, drelin, drelin,
j'enrage. *(Il ne sonne plus, mais il crie.)* Drelin, drelin, drelin.
65 Carogne*[2], à tous les diables! Est-il possible qu'on laisse*
comme cela un pauvre* malade* tout seul*! Drelin, drelin,
drelin : voilà qui est pitoyable*! Drelin, drelin, drelin. Ah! mon
Dieu, ils me laisseront* ici mourir. (4) Drelin, drelin, drelin! (5)

---

1. Un mémoire des dépenses pour *le Malade imaginaire* du 3 décembre 1672 précise qu'il s'agit d'une grosse sonnette, du prix de 22 sous; 2. *Carogne :* femme
odieuse et méprisable. Ce terme, qui est la forme picarde de « charogne », est
une injure grossière venue de la tradition des fabliaux et des farces du Moyen Âge.

QUESTIONS

3. Quel aspect caractéristique du malade imaginaire apparaît ici?
S'était-il aperçu de l'aggravation de son état avant d'avoir fait l'addi-
tion des purges et des lavements? Qu'en conclure sur la logique d'Argan?

4. Comparez l'emportement d'Argan à celui de M. Jourdain (*le Bourgeois gentilhomme*, acte II, fin de la scène IV). Pourquoi cette humeur
irascible est-elle plus comique encore ici?

5. SUR L'ENSEMBLE DE LA SCÈNE PREMIÈRE. — Est-il courant qu'une
comédie commence par un monologue? Qu'est-ce qui donne ici son
allure naturelle à cette scène, si l'on prend en considération la situation
d'Argan et la manière dont il vit?

— Comment Molière rend-il ce monologue vivant? N'est-ce pas aussi
un dialogue?

— Dans quelle mesure cette scène contribue-t-elle à l'exposition?
Quels personnages semblent tenir une grande place dans la vie d'Argan?
À quoi consacre-t-il lui-même son temps?

— Le comique de cette scène : analysez-en la diversité. Quel effet
fait en particulier la parodie du style des apothicaires?

— Le caractère d'Argan : quels en sont les deux aspects essentiels?
Selon quelle méthode procède-t-il à des réductions sur le mémoire de
M. Fleurant? D'où lui viennent ces qualités d'économie?

Scène II. — TOINETTE, ARGAN.

TOINETTE, *en entrant dans la chambre.* — On y va.

ARGAN. — Ah! chienne! ah! carogne!...

TOINETTE, *faisant semblant de s'être cogné la tête.* — Diantre soit fait de votre impatience! Vous pressez si fort les per-
5 sonnes que je me suis donné un grand coup de la tête contre la carne[1] d'un volet.

ARGAN, *en colère.* — Ah! traîtresse...

TOINETTE, *pour l'interrompre et l'empêcher de crier, se plaint toujours, en disant.* — Ah!

10 ARGAN. — Il y a...

TOINETTE. — Ah!

ARGAN. — Il y a une heure...

TOINETTE. — Ah!

ARGAN. — Tu m'as laissé*...

15 TOINETTE. — Ah!

ARGAN. — Tais-toi donc, coquine, que je te querelle.

TOINETTE. — Çamon[2], ma foi, j'en suis d'avis, après ce que je me suis fait.

ARGAN. — Tu m'as fait égosiller[3], carogne!

20 TOINETTE. — Et vous m'avez fait, vous, casser la tête; l'un vaut bien l'autre. Quitte à quitte, si vous voulez.

ARGAN. — Quoi! coquine...

TOINETTE. — Si vous querellez, je pleurerai.

ARGAN. — Me laisser*, traîtresse...

25 TOINETTE, *toujours pour l'interrompre.* — Ah!

ARGAN. — Chienne! tu veux...

TOINETTE. — Ah!

. *Carne* : angle saillant, donc extérieur. Toinette veut faire croire qu'elle s'est pr̶s̶s̶e et qu'elle vient de loin. Ne pas oublier qu'Argan, très riche, doit habiter une luxueuse et vaste demeure; 2. *Çamon* : oui, vraiment, oui, ma foi; 3. *S'égosiller* : se faire mal au gosier à force de crier.

ARGAN. — Quoi! il faudra encore que je n'aie pas le plaisir de la quereller?

30   TOINETTE. — Querellez tout votre soûl[1] : je le veux bien.

ARGAN. — Tu m'en empêches, chienne, en m'interrompant à tous coups.

TOINETTE. — Si vous avez le plaisir de quereller, il faut bien que de mon côté j'aie le plaisir de pleurer : chacun le 35 sien, ce n'est pas trop. Ah! (6)

ARGAN. — Allons, il faut en passer par là. Ôte-moi ceci, coquine, ôte-moi ceci. *(Argan se lève de sa chaise.)* Mon lavement* d'aujourd'hui a-t-il bien opéré?

TOINETTE. — Votre lavement*?

40   ARGAN. — Oui. Ai-je bien fait de la bile?

TOINETTE. — Ma foi, je ne me mêle point de ces affaires-là; c'est à monsieur Fleurant à y mettre le nez, puisqu'il en a le profit.

ARGAN. — Qu'on ait soin de me tenir un bouillon prêt 45 pour l'autre que je dois tantôt prendre.

TOINETTE. — Ce monsieur Fleurant-là et ce monsieur Purgon s'égayent bien sur votre corps; ils ont en vous une bonne vache à lait, et je voudrais bien leur demander quel mal vous avez, pour vous faire tant de remèdes*.

50   ARGAN. — Taisez-vous, ignorante; ce n'est pas à vous à contrôler les ordonnances* de la médecine*. (7) Qu'on me fasse venir ma fille Angélique, j'ai à lui dire quelque chose.

---

1. *Tout votre soûl :* tant que vous voudrez.

──────── QUESTIONS ────────────────────

6. Quelle est l'attitude d'Argan vis-à-vis de sa servante? l'attitude de Toinette vis-à-vis d'Argan? Pourquoi joue-t-elle la comédie de la douleur? Comparez Toinette à Nicole *(le Bourgeois gentilhomme)* et à Dorine *(le Tartuffe);* tirez-en des conclusions sur la place et le rôle de la servante dans la comédie bourgeoise.

7. L'attitude de Toinette face aux manies de son maître est-elle surprenante? Quelle est ici l'utilité de la servante pour préciser la situation au spectateur?

TOINETTE. — La voici qui vient d'elle-même; elle a deviné votre pensée. (8)

Scène III. — ANGÉLIQUE, TOINETTE, ARGAN.

ARGAN. — Approchez, Angélique, vous venez à propos; je voulais vous parler.

ANGÉLIQUE. — Me voilà prête à vous ouïr.

ARGAN, *courant au bassin*. — Attendez. Donnez-moi mon
5 bâton. Je vais revenir tout à l'heure.

TOINETTE, *en le raillant*. — Allez vite, monsieur, allez; monsieur Fleurant nous donne des affaires. (9)

Scène IV. — ANGÉLIQUE, TOINETTE.

ANGÉLIQUE, *la regardant d'un œil languissant, lui dit confidemment*. — Toinette!

TOINETTE. — Quoi?

ANGÉLIQUE. — Regarde-moi un peu.

5 TOINETTE. — Hé bien! Je vous regarde.

ANGÉLIQUE. — Toinette!

TOINETTE. — Hé bien, quoi, « Toinette »?

ANGÉLIQUE. — Ne devines-tu point de quoi je veux parler?

TOINETTE. — Je m'en doute assez : de notre jeune amant[1],
10 car c'est sur lui depuis six jours[2] que roulent tous nos entre-

---

1. *Amant* : amoureux; 2. On ne connaîtra que plus tard (acte II, scène première) les circonstances de cette rencontre.

──── QUESTIONS ────

8. SUR L'ENSEMBLE DE LA SCÈNE II. — Comment se précise ici le climat de la pièce? Dans quel milieu social se trouve-t-on?
— Le caractère traditionnel de Toinette : le spectateur est-il déçu de trouver ici une servante de comédie qui paraît ressembler à tant d'autres? Quelle source de comique est ouverte ici?

9. Comment Molière justifie-t-il l'entrée d'Angélique, dont l'arrivée était ici nécessaire?
— Molière a besoin de faire sortir Argan : pourquoi? Appréciez le motif qu'il donne à sa sortie; comparez ce procédé à celui qu'utilise plusieurs fois Molière dans *l'Avare* pour faire sortir Harpagon. Expliquez le jeu de mots sur *donner des affaires*.

tiens, et vous n'êtes point bien si vous n'en parlez à toute heure.

ANGÉLIQUE. — Puisque tu connais cela, que n'es-tu donc la première à m'en entretenir, et que ne m'épargnes-tu la peine
15 de te jeter sur ce discours[1]?

TOINETTE. — Vous ne m'en donnez pas le temps, et vous avez des soins là-dessus qu'il est difficile de prévenir.

ANGÉLIQUE. — Je t'avoue que je ne saurais me lasser de te parler de lui, et que mon cœur profite avec chaleur de tous
20 les moments de s'ouvrir à toi. Mais dis-moi, condamnes-tu, Toinette, les sentiments que j'ai pour lui?

TOINETTE. — Je n'ai garde.

ANGÉLIQUE. — Ai-je tort de m'abandonner à ces douces impressions?

25 TOINETTE. — Je ne dis pas cela.

ANGÉLIQUE. — Et voudrais-tu que je fusse insensible aux tendres protestations de cette passion ardente qu'il témoigne pour moi?

TOINETTE. — A Dieu ne plaise!

30 ANGÉLIQUE. — Dis-moi un peu, ne trouves-tu pas, comme moi, quelque chose du ciel, quelque effet du destin, dans l'aventure inopinée[2] de notre connaissance?

TOINETTE. — Oui.

ANGÉLIQUE. — Ne trouves-tu pas que cette action d'em-
35 brasser ma défense sans me connaître est tout à fait d'un honnête homme?

TOINETTE. — Oui.

ANGÉLIQUE. — Que l'on ne peut en user plus généreusement?

TOINETTE. — D'accord.

40 ANGÉLIQUE. — Et qu'il fit tout cela de la meilleure grâce du monde?

TOINETTE. — Oh! oui.

ANGÉLIQUE. — Ne trouves-tu pas, Toinette, qu'il est bien fait de sa personne?

---

1. *Discours* : propos; 2. *Inopiné* : imprévu et subit.

DEUX INTERPRÈTES DU *MALADE IMAGINAIRE*
AU DÉBUT DU XX⁰ SIÈCLE

Desfontaines
dans le rôle
de
Thomas Diafoirus.

Jean d'Yd
dans le rôle
de
M. Diafoirus.

45   TOINETTE. — Assurément.

ANGÉLIQUE. — Qu'il a l'air le meilleur du monde?

TOINETTE. — Sans doute[1].

ANGÉLIQUE. — Que ses discours, comme ses actions, ont quelque chose de noble?

50   TOINETTE. — Cela est sûr.

ANGÉLIQUE. — Qu'on ne peut rien entendre de plus passionné que tout ce qu'il me dit?

TOINETTE. — Il est vrai.

ANGÉLIQUE. — Et qu'il n'est rien de plus fâcheux que la
55 contrainte où l'on me tient, qui bouche tout commerce aux doux empressements[2] de cette mutuelle ardeur que le ciel nous inspire?

TOINETTE. — Vous avez raison. (10)

ANGÉLIQUE. — Mais, ma pauvre Toinette, crois-tu qu'il
60 m'aime autant qu'il me le dit?

TOINETTE. — Hé! hé! ces choses-là parfois sont un peu sujettes à caution. Les grimaces d'amour ressemblent fort à la vérité, et j'ai vu de grands comédiens là-dessus.

ANGÉLIQUE. — Ah! Toinette, que dis-tu là? Hélas! de la façon
65 qu'il parle, serait-il bien possible qu'il ne me dît pas vrai? (11)

TOINETTE. — En tout cas, vous en serez bientôt éclaircie, et la résolution où il vous écrivit hier qu'il était de vous faire demander en mariage est une prompte voie à vous faire

---

1. *Sans doute* : sans aucun doute, certainement; 2. C'est-à-dire : qui nous empêche d'échanger. Angélique a lu des romans, et, dans son exaltation, elle retrouve quelque chose de leur style.

──────── **QUESTIONS** ────────

10. Comment est né le sentiment de l'amour chez Angélique? A quoi voit-on que Cléante représente pour elle l'idéal de l'amour tel qu'elle l'avait imaginé? Pourquoi a-t-elle besoin que Toinette lui donne l'assurance que cet amour est juste et légitime? — Comparez l'attitude d'Angélique à celle de Marianne (*le Tartuffe*, acte II, scène première). — Pourquoi Toinette ne répond-elle que par de brèves répliques?

11. Que pensez-vous de cette taquinerie de Toinette? Quel aspect du caractère d'Angélique est mis en relief dans sa réponse?

connaître s'il vous dit vrai ou non. C'en sera là la bonne
70 preuve. **(12)**

ANGÉLIQUE. — Ah! Toinette, si celui-là me trompe, je ne
croirai de ma vie aucun homme.

TOINETTE. — Voilà votre père qui revient. **(13)**

Scène V. — ARGAN, ANGÉLIQUE, TOINETTE.

ARGAN *se met dans sa chaise.* — O çà, ma fille, je vais vous
dire une nouvelle où[1] peut-être ne vous attendez-vous pas.
On vous demande en mariage. Qu'est-ce que cela? Vous
riez? Cela est plaisant, oui, ce mot de mariage. Il n'y a rien
5 de plus drôle pour les jeunes filles. Ah! nature, nature[2]! A
ce que je puis voir, ma fille, je n'ai que faire de vous demander si vous voulez bien vous marier.

ANGÉLIQUE. — Je dois faire, mon père, tout ce qu'il vous
plaira de m'ordonner.

10 ARGAN. — Je suis bien aise d'avoir une fille si obéissante :
la chose est donc conclue, et je vous ai promise.

ANGÉLIQUE. — C'est à moi, mon père, de suivre aveuglément
toutes vos volontés.

ARGAN. — Ma femme, votre belle-mère, avait envie que je

---

1. A laquelle. *Où* a un emploi très large au XVIIᵉ siècle; 2. Cette exclamation, qui
se trouve aussi dans *Mélicerte* (acte II, scène V), traduit l'indulgence émue d'un
père qui est *bon naturellement*, dira Toinette.

―――――― **QUESTIONS** ――――――

12. Dans quelle intrigue traditionnelle s'engage-t-on ici? Pouvait-on
s'y attendre?

13. SUR L'ENSEMBLE DE LA SCÈNE IV. — L'intérêt de cette scène pour
l'action.
— Le caractère d'Angélique d'après cette scène : quelle est la qualité
de l'amour chez elle? En quel langage s'exprime ce sentiment? Relevez les
termes du vocabulaire galant de l'époque, et les expressions tirées du style
des romans. Cette parodie de la galanterie précieuse doit-elle faire douter
de la sincérité des sentiments exprimés? Quel contraste apporte-t-elle en
tout cas par rapport aux scènes précédentes?
— Comparez Angélique à d'autres jeunes amoureuses du théâtre de
Molière : qu'a-t-elle de commun avec elles? Qu'a-t-elle de personnel
et d'original?
— Comparez l'attitude de Toinette face à Argan et face à Angélique.

15 vous fisse religieuse, et votre petite sœur Louison aussi; et de tout temps elle a été aheurtée[1] à cela.

TOINETTE, *tout bas*. — La bonne bête a ses·raisons.

ARGAN. — Elle ne voulait point consentir à ce mariage; mais je l'ai emporté, et ma parole est donnée. **(14)**

20 ANGÉLIQUE. — Ah! mon père, que je vous suis obligée de toutes vos bontés!

TOINETTE. — En vérité, je vous sais bon gré de cela, et voilà l'action la plus sage que vous ayez faite de votre vie.

ARGAN. — Je n'ai point encore vu la personne; mais on 25 m'a dit que je serais content, et toi aussi.

ANGÉLIQUE. — Assurément, mon père.

ARGAN. — Comment! l'as-tu vu?

ANGÉLIQUE. — Puisque votre consentement m'autorise à vous ouvrir mon cœur, je ne feindrai point de[2] vous dire que 30 le hasard nous a fait connaître, il y a six jours, et que la demande qu'on vous a faite est un effet de l'inclination que, dès cette première vue, nous avons prise l'un pour l'autre.

ARGAN. — Ils ne m'ont pas dit cela, mais j'en suis bien aise et c'est tant mieux que les choses soient de la sorte. **(15)** 35 Ils disent que c'est un grand jeune garçon bien fait.

ANGÉLIQUE. — Oui, mon père.

ARGAN. — De belle taille.

ANGÉLIQUE. — Sans doute.

ARGAN. — Agréable de sa personne.

40 ANGÉLIQUE. — Assurément.

---

1. *S'aheurter* : se heurter à; d'où *s'en tenir à, s'obstiner* ; 2. *Feindre de* : hésiter à.

■ **QUESTIONS** ─────────────────────────

14. Sur quel ton Argan aborde-t-il le sujet qui l'intéresse? s'attendait-il à autant de soumission de la part d'Angélique? Comment fait-il valoir son autorité? Quelle première image avons-nous d'Argan, père de famille? Faut-il voir en lui un attendrissement sincère ou un effort pour gagner sa fille à ses vues? De quels nouveaux personnages est-il question dans ce début de scène? Que peut-on penser d'eux?

15. Le spectateur a-t-il conscience qu'un quiproquo est en train de naître entre le père et la fille? Pourquoi Angélique ne soupçonne-t-elle pas que son père pense à un autre prétendant?

ARGAN. — De bonne physionomie.

ANGÉLIQUE. — Très bonne.

ARGAN. — Sage et bien né.

ANGÉLIQUE. — Tout à fait.

45   ARGAN. — Fort honnête.

ANGÉLIQUE. — Le plus honnête du monde.

ARGAN. — Qui parle bien latin et grec.

ANGÉLIQUE. — C'est ce que je ne sais pas.

ARGAN. — Et qui sera reçu médecin* dans trois jours.

50   ANGÉLIQUE. — Lui, mon père?

ARGAN. — Oui. Est-ce qu'il ne te l'a pas dit?

ANGÉLIQUE. — Non, vraiment. Qui vous l'a dit, à vous?

ARGAN. — Monsieur Purgon.

ANGÉLIQUE. — Est-ce que monsieur Purgon le connaît?

55   ARGAN. — La belle demande! Il faut bien qu'il le connaisse,
puisque c'est son neveu.

ANGÉLIQUE. — Cléante, neveu de monsieur Purgon?

ARGAN. — Quel Cléante? Nous parlons de celui pour qui
l'on t'a demandée en mariage.

60   ANGÉLIQUE. — Hé! oui.

ARGAN. — Hé bien! c'est le neveu de M. Purgon, qui est
le fils de son beau-frère le médecin*, monsieur Diafoirus;
et ce fils s'appelle Thomas Diafoirus, et non pas Cléante;
et nous avons conclu ce mariage-là ce matin[1], monsieur Pur-
65   gon, monsieur Fleurant et moi, et demain ce gendre prétendu[2]
doit m'être amené par son père. Qu'est-ce? Vous voilà toute[3]
ébaubie[4].

ANGÉLIQUE. — C'est, mon père, que je connais que vous

---

1. Importance de ce détail. Le premier acte se passe le soir, les deux autres, dans
la journée du lendemain. Molière sait resserrer son action, plus par souci de l'inten-
sité dramatique que par respect des règles; 2. Le futur gendre, le prétendant;
3. *Tout* : même au sens de *tout à fait*, était considéré dans l'ancienne langue comme
un adjectif; 4. *Ébaubi* : surpris au point de bégayer.

avez parlé d'une personne, et que j'ai entendu une autre. **(16)**

70 TOINETTE. — Quoi! monsieur, vous auriez fait ce dessein burlesque? et, avec tout le bien que vous avez, vous voudriez marier votre fille avec un médecin*? **(17)**

ARGAN. — Oui. De quoi te mêles-tu, coquine, impudente que tu es?

75 TOINETTE. — Mon Dieu! tout doux. Vous allez d'abord aux invectives. Est-ce que nous ne pouvons pas raisonner ensemble sans nous emporter? Là, parlons de sang-froid. Quelle est votre raison, s'il vous plaît, pour un tel mariage?

ARGAN. — Ma raison est que, me voyant infirme* et malade*
80 comme je suis, je veux me faire un gendre et des alliés médecins*, afin de m'appuyer de bons secours contre ma maladie*, d'avoir dans ma famille les sources des remèdes* qui me sont nécessaires et d'être à même des consultations* et des ordonnances[1]*.

85 TOINETTE. — Hé bien, voilà dire une raison, et il y a plaisir à se répondre doucement les uns aux autres. Mais, monsieur, mettez la main à la conscience. Est-ce que vous êtes malade*?

ARGAN. — Comment, coquine, si je suis malade*? si je suis malade*, impudente!

90 TOINETTE. — Hé bien, oui, monsieur, vous êtes malade* : n'ayons point de querelle là-dessus. Oui, vous êtes fort malade*; j'en demeure d'accord, et plus malade* que vous ne pensez : voilà qui est fait. Mais votre fille doit épouser un mari pour elle, et, n'étant point malade*, il n'est pas nécessaire de
95 lui donner un médecin[2]*.

ARGAN. — C'est pour moi que je lui donne ce médecin*;

---

1. *Etre à même de :* être à portée de; 2. Construction courante à l'époque, et qui ne serait plus correcte de nos jours.

—————— **QUESTIONS** ——————

16. Étudiez le mécanisme du quiproquo. Comment se développe-t-il et peut-il se prolonger? A partir de quel moment se dénoue-t-il? Comparez l'attitude d'Argan à ce qu'elle était au début de la scène : est-ce seulement son autorité paternelle qui est en jeu? Pourquoi lui paraît-il évident que le mariage avec Thomas Diafoirus soit le seul mariage possible pour sa fille?

17. Pourquoi Toinette va-t-elle soutenir la discussion à la place d'Angélique? Comment cette intervention s'explique-t-elle sur le plan psychologique? Sur le plan dramatique?

et une fille de bon naturel doit être ravie d'épouser ce qui est utile à la santé* de son père.

TOINETTE. — Ma foi, monsieur, voulez-vous qu'en amie je
100 vous donne un conseil?

ARGAN. — Quel est-il, ce conseil?

TOINETTE. — De ne point songer à ce mariage-là.

ARGAN. — Et la raison?

TOINETTE. — La raison, c'est que votre fille n'y consentira
105 point.

ARGAN. — Elle n'y consentira point?

TOINETTE. — Non.

ARGAN. — Ma fille?

TOINETTE. — Votre fille. Elle vous dira qu'elle n'a que faire
110 de monsieur Diafoirus, ni de son fils Thomas Diafoirus, ni de tous les Diafoirus du monde.

ARGAN. — J'en ai affaire, moi, outre que le parti est plus avantageux qu'on ne pense : monsieur Diafoirus n'a que ce fils-là pour tout héritier; et de plus monsieur Purgon, qui n'a
115 ni femme ni enfants, lui donne tout son bien en faveur de ce mariage : et monsieur Purgon est un homme qui a huit mille bonnes livres de rente[1]. (18)

TOINETTE. — Il faut qu'il ait tué bien des gens pour s'être fait si riche.

120 ARGAN. — Huit mille livres de rente sont quelque chose, sans compter le bien du père. (19)

---

1. Au *denier vingt*, soit 5 p. 100, cela représente un capital de 160 000 livres. La livre peut être estimée de 5 à 15 F de notre monnaie; joint au « bien du père » et à la dot d'Angélique, cela ferait une jolie fortune, si l'on estime que 4 000 livres de rente permettaient de vivre très à l'aise et d'élever une nombreuse famille.

──────── QUESTIONS ────────

18. Pourquoi Toinette tient-elle à avoir une discussion « raisonnable » avec Argan? Connaît-elle bien son maître? Peut-on imaginer qu'elle ait eu d'autres occasions de raisonner ainsi avec lui? — Quels sont les deux arguments de Toinette contre le mariage prévu par Argan? — Les raisons invoquées par Argan : montrez qu'elles confirment deux aspects de son caractère, aperçus dès la première scène du premier acte. — L'égoïsme d'Argan : relevez les « mots de caractère » qui affirment que l'affection paternelle est étouffée chez lui par d'autres préoccupations.

19. Argan « enchaîne » comme s'il n'avait rien entendu de la boutade de Toinette. Montrez l'intérêt de ces deux répliques. Imaginez-en l'interprétation (ton, mimique, jeu de scène).

TOINETTE. — Monsieur, tout cela est bel et bon; mais j'en reviens toujours là. Je vous conseille entre nous de lui choisir un autre mari, et elle n'est point faite pour être madame
125 Diafoirus.

ARGAN. — Et je veux, moi, que cela soit.

TOINETTE. — Eh! fi! ne dites pas cela.

ARGAN. — Comment! que je ne dise pas cela?

TOINETTE. — Hé! non.

130 ARGAN. — Et pourquoi ne le dirai-je pas?

TOINETTE. — On dira que vous ne songez pas à ce que vous dites.

ARGAN. — On dira ce qu'on voudra, mais je vous dis que je veux qu'elle exécute la parole que j'ai donnée.

135 TOINETTE. — Non, je suis sûre qu'elle ne le fera pas.

ARGAN. — Je l'y forcerai bien.

TOINETTE. — Elle ne le fera pas, vous dis-je.

ARGAN. — Elle le fera, ou je la mettrai dans un couvent.

TOINETTE. — Vous?

140 ARGAN. — Moi.

TOINETTE. — Bon!

ARGAN. — Comment, bon?

TOINETTE. — Vous ne la mettrez point dans un couvent.

ARGAN. — Je ne la mettrai point dans un couvent?

145 TOINETTE. — Non.

ARGAN. — Non?

TOINETTE. — Non.

ARGAN. — Ouais! Voici qui est plaisant! Je ne mettrai pas ma fille dans un couvent, si je veux?

150 TOINETTE. — Non, vous dis-je. **(20)**

ARGAN. — Qui m'en empêchera?

――――――― **QUESTIONS** ―――――――

20. Sur quel rythme nouveau la scène s'est-elle engagée? Est-ce que Toinette a plus de chances de convaincre Argan en le provoquant qu'en le raisonnant? Quelles menaces traditionnelles utilise Argan?

TOINETTE. — Vous-même.

ARGAN. — Moi?

TOINETTE. — Oui. Vous n'aurez pas ce cœur-là.

155 ARGAN. — Je l'aurai.

TOINETTE. — Vous vous moquez.

ARGAN. — Je ne me moque point.

TOINETTE. — La tendresse paternelle vous prendra.

ARGAN. — Elle ne me prendra point.

160 TOINETTE. — Une petite larme ou deux, des bras jetés au cou, un « mon petit papa mignon » prononcé tendrement, sera assez pour vous toucher.

ARGAN. — Tout cela ne fera rien.

TOINETTE. — Oui, oui.

165 ARGAN. — Je vous dis que je n'en démordrai point.

TOINETTE. — Bagatelles[1].

ARGAN. — Il ne faut point dire : Bagatelles.

TOINETTE. — Mon Dieu, je vous connais, vous êtes bon naturellement.

170 ARGAN, *avec emportement.* — Je ne suis point bon, et je suis méchant quand je veux.

TOINETTE. — Doucement, monsieur, vous ne songez pas que vous êtes malade*. (21)

ARGAN. — Je lui commande absolument de se préparer à
175 prendre le mari que je dis.

TOINETTE. — Et moi, je lui défends absolument d'en faire rien.

ARGAN. — Où est-ce donc que nous sommes? et quelle audace est-ce là à une coquine de servante de parler de la
180 sorte devant son maître?

1. *Bagatelles* : choses sans importance, sans fondement.

─────── QUESTIONS ───────

21. L'appel à la « tendresse paternelle » : croyez-vous que Toinette sache par expérience qu'Argan est capable d'un tel sentiment? Veut-elle au contraire éveiller en lui ce sentiment? En quoi son attitude prouve-t-elle en tout cas qu'elle est attachée à son maître? — Le comique des deux dernières répliques.

TOINETTE. — Quand un maître ne songe pas à ce qu'il fait, une servante bien sensée est en droit de le redresser. **(22)**

ARGAN *court après Toinette*. — Ah! insolente, il faut que je t'assomme.

185 TOINETTE *se sauve de lui*. — Il est de mon devoir de m'opposer aux choses qui vous peuvent déshonorer.

ARGAN, *en colère, court après elle autour de sa chaise, son bâton à la main*. — Viens, viens, que je t'apprenne à parler.

TOINETTE, *courant et se sauvant du côté de la chaise où n'est*
190 *pas Argan*. — Je m'intéresse, comme je dois, à ne vous point laisser faire de folie.

ARGAN. — Chienne!

TOINETTE. — Non, je ne consentirai jamais à ce mariage.

ARGAN. — Pendarde!

195 TOINETTE. — Je ne veux point qu'elle épouse votre Thomas Diafoirus.

ARGAN. — Carogne[1]!

TOINETTE. — Et elle m'obéira plutôt qu'à vous **(23)**.

ARGAN. — Angélique, tu ne veux pas m'arrêter cette
200 coquine-là?

ANGÉLIQUE. — Eh! mon père, ne vous faites point malade*.

ARGAN. — Si tu ne me l'arrêtes, je te donnerai ma malédiction.

TOINETTE. — Et moi, je la déshériterai si elle vous obéit. **(24)**

---

1. Ce sont à peu près les mêmes invectives qu'à la fin du monologue (acte premier, scène première); elles paraissent ici plus justifiées.

——————— **QUESTIONS** ———————

22. De quoi Argan prend-il conscience bien tardivement? En serait-il ainsi s'il avait les véritables qualités d'un maître de maison? Les prétentions de Toinette sont-elles légitimes?

23. Quels sont les procédés de farce utilisés ici? Comment passe-t-on naturellement à ce genre de comique facile, mais toujours efficace?

24. Peut-on imaginer quelle a été l'attitude d'Angélique pendant toute cette querelle entre Argan et Toinette? Quel comique de situation particulièrement savoureux Molière crée-t-il en nous montrant Argan appelant Angélique à son aide?

— La dernière réplique de Toinette : est-ce une dérision de l'autorité paternelle, comme le prétendra J.-J. Rousseau? ou bien la réplique de Toinette se justifie-t-elle par une réplique antérieure? Laquelle?

205 ARGAN *se jette dans sa chaise, étant las de courir après elle.*
— Ah! ah! je n'en puis plus. Voilà pour me faire mourir*. **(25)**

Scène VI. — BÉLINE, ANGÉLIQUE, TOINETTE¹, ARGAN.

ARGAN. — Ah! ma femme, approchez. **(26)**

BÉLINE. — Qu'avez-vous, mon pauvre mari?

ARGAN. — Venez-vous-en ici à mon secours.

BÉLINE. — Qu'est-ce que c'est donc qu'il y a, mon petit fils?

5 ARGAN. — Mamie.

BÉLINE. — Mon ami.

ARGAN. — On vient de me mettre en colère.

BÉLINE. — Hélas! pauvre petit mari! Comment donc, mon ami?

10 ARGAN. — Votre coquine de Toinette est devenue plus insolente que jamais.

BÉLINE. — Ne vous passionnez donc point.

ARGAN. — Elle m'a fait enrager, mamie.

BÉLINE. — Doucement, mon fils.

15 ARGAN. — Elle a contrecarré², une heure durant, les choses que je veux faire.

BÉLINE. — Là, là, tout doux!

---

1. Certains metteurs en scène, s'appuyant sur des éditions qui ne mentionnent pas ici Toinette et Angélique, les font sortir à ce moment; 2. *Contrecarré :* elle a contredit en s'y opposant.

──────── **QUESTIONS** ────────

25. SUR L'ENSEMBLE DE LA SCÈNE V. — Distinguez les différents moments de la scène, et étudiez les effets comiques successivement mis en œuvre. Montrez que certains effets traditionnels sont renouvelés par le comique de situation, puisqu'il s'agit ici d'un prétendu malade.
— Quel est l'intérêt du quiproquo initial? Comparez cette situation à *l'École des femmes* (acte II, scène v), *l'Avare* (acte IV, scène v), *le Tartuffe* (acte II, scène II).
— Comparez le dialogue Toinette-Argan (lignes 126-171) à la dernière partie de la scène IV de l'acte premier des *Fourberies de Scapin.* Que conclure du fait que Molière a repris presque textuellement tout ce mouvement de la scène?

26. Imaginez, comme le ferait un metteur en scène, cette entrée de Béline, et les différents jeux de scène qui en résultent.

ARGAN. — Et a eu l'effronterie de me dire que je ne suis point malade*.

20 BÉLINE. — C'est une impertinente.

ARGAN. — Vous savez, mon cœur, ce qui en est.

BÉLINE. — Oui, mon cœur, elle a tort.

ARGAN. — M'amour, cette coquine-là me fera mourir*.

BÉLINE. — Hé, là! hé, là!

25 ARGAN. — Elle est cause de toute la bile que je fais.

BÉLINE. — Ne vous fâchez point tant. **(27)**

ARGAN. — Et il y a je ne sais combien que je vous dis de me la chasser.

BÉLINE. — Mon Dieu, mon fils, il n'y a point de serviteurs 30 et de servantes qui n'aient leurs défauts. On est contraint parfois de souffrir leurs mauvaises qualités à cause des bonnes. Celle-ci est adroite, soigneuse, diligente, et surtout fidèle; et vous savez qu'il faut maintenant de grandes précautions pour les gens que l'on prend. Holà! Toinette[1]!

35 TOINETTE. — Madame.

BÉLINE. — Pourquoi donc est-ce que vous mettez mon mari en colère?

TOINETTE, *d'un ton doucereux*. — Moi, madame? Hélas! je ne sais pas ce que vous voulez dire, et je ne songe qu'à complaire 40 à monsieur en toutes choses.

ARGAN. — Ah! la traîtresse!

TOINETTE. — Il nous a dit qu'il voulait donner sa fille en mariage au fils de monsieur Diafoirus; je lui ai répondu que je trouvais le parti avantageux pour elle, mais que je croyais 45 qu'il ferait mieux de la mettre dans un couvent.

---

1. Ici Toinette peut s'être retirée dans un coin de la chambre avec Angélique, qui sort discrètement à ce moment, sans avoir échangé un seul mot avec sa belle-mère.

──────── **QUESTIONS** ────────

27. A quoi reconnaît-on que la douceur de Béline est affectée? Pourquoi son langage maternel rend-il Argan ridicule? Quelle faiblesse du malade imaginaire Béline flatte-t-elle ainsi?

BÉLINE. — Il n'y a pas grand mal à cela, et je trouve qu'elle a raison. **(28)**

ARGAN. — Ah! m'amour, vous la croyez! C'est une scélérate, elle m'a dit cent insolences.

50 BÉLINE. — Hé bien, je vous crois, mon ami. Là, remettez-vous. Écoutez, Toinette : si vous fâchez jamais mon mari, je vous mettrai dehors. Çà, donnez-moi son manteau fourré et des oreillers, que je l'accommode dans sa chaise. Vous voilà je ne sais comment. Enfoncez bien votre bonnet jusque 55 sur vos oreilles; il n'y a rien qui enrhume tant que de prendre l'air par les oreilles. **(29)**

ARGAN. — Ah! mamie, que je vous suis obligé de tous les soins que vous prenez de moi!

BÉLINE, *accommodant les oreillers qu'elle met autour d'Ar-* 60 *gan.* — Levez-vous, que je mette ceci sous vous. Mettons celui-ci pour vous appuyer, et celui-là de l'autre côté. Mettons celui-ci derrière votre dos, et cet autre-là pour soutenir votre tête.

TOINETTE, *lui mettant rudement un oreiller sur la tête, et* 65 *puis fuyant.* — Et celui-ci pour vous garder du serein[1].

ARGAN, *se lève en colère et jette tous les oreillers à Toinette*[2]. — Ah! coquine, tu veux m'étouffer.

BÉLINE. — Hé, là! hé, là! Qu'est-ce que c'est donc?

ARGAN, *tout essoufflé, se jette dans sa chaise.* — Ah! ah! ah! 70 je n'en puis plus.

---

1. *Le serein :* l'air frais du soir; ainsi se trouve de nouveau précisé le moment de la journée où a lieu le premier acte; 2. Toinette sort.

─────── **QUESTIONS** ───────

28. Quand on se rappelle la réplique de Toinette (acte premier, scène VI, ligne 42), n'est-on pas étonné que Béline prenne la défense de la servante? Comment Toinette a-t-elle pu acquérir la confiance de Béline? Comment s'y prend-elle pour conserver ici cette confiance? Dans quelles intentions? De ce point de vue, l'attitude de Toinette est-elle comparable à celle de Dorine *(le Tartuffe)*, ou de Nicole *(le Bourgeois gentilhomme)*?

29. Comment cette réplique de Béline et la suivante peuvent-elles être la transposition, dans le domaine de la comédie, de ces deux vers d'Horace décrivant les soins des captateurs de testaments *(Satire* II, 5, vers 93 et 94) : *Mone, si increbuit aura - Cautus uti velet carum caput* (« Conseille-lui, si la brise est devenue plus forte, de couvrir soigneusement sa précieuse tête »)?

BÉLINE. — Pourquoi vous emporter ainsi? Elle a cru faire bien.

ARGAN. — Vous ne connaissez pas, m'amour, la malice[1] de la pendarde. Ah! elle m'a mis tout hors de moi; et il faudra
75 plus de huit médecines* et douze lavements* pour réparer tout ceci. (30)

BÉLINE. — Là, là, mon petit ami, apaisez-vous un peu.

ARGAN. — Mamie, vous êtes toute ma consolation.

BÉLINE. — Pauvre petit fils!

80 ARGAN. — Pour tâcher de reconnaître l'amour que vous me portez, je veux, mon cœur, comme je vous ai dit, faire mon testament.

BÉLINE. — Ah! mon ami, ne parlons point de cela, je vous prie; je ne saurais souffrir cette pensée, et le seul mot de tes-
85 tament me fait tressaillir de douleur.

ARGAN. — Je vous avais dit de parler pour cela à votre notaire[2].

BÉLINE. — Le voilà là-dedans que j'ai amené avec moi.

ARGAN. — Faites-le donc entrer, m'amour.

90 BÉLINE. — Hélas! mon ami, quand on aime bien un mari, on n'est guère en état de songer à tout cela. (31) (32)

---

1. *Malice :* méchanceté; 2. Précision importante : c'est le notaire de Béline, et non celui d'Argan.

30. L'intermède des oreillers est-il utile à l'action? En quoi renouvelle-t-il les effets de farce de la fin de la scène précédente?

31. Est-il sûr qu'Argan ait pris de lui-même l'initiative de faire son testament? Comment a-t-il pu arriver à cette « décision »? — Le rôle de Béline : comment le spectateur a-t-il la certitude de son hypocrisie?

32. SUR L'ENSEMBLE DE LA SCÈNE VI. — Que savait-on déjà de Béline? Quelle impression fait-elle? Étudiez son langage, en particulier les termes de tendresse à l'égard de son mari. A quels signes reconnaît-on qu'elle est hypocrite? Montrez à ce propos comment l'auteur comique est obligé de grossir les effets pour bien éclairer le spectateur sur le vrai caractère de son personnage; comment se peut-il pourtant qu'Argan, sa dupe, ne soupçonne pas cette hypocrisie?

— Le rôle de Toinette dans cette scène : pourquoi ménage-t-elle si peu Argan?

FRONTISPICE DU *MALADE IMAGINAIRE*
Argan entre le notaire et Béline. (Acte premier, scène VII.)

LE MALADE
IMAGINAIRE
VU PAR DAUMIER
(1808-1879)

Phot. Giraudon.

Scène VII. — LE NOTAIRE, BÉLINE, ARGAN.

ARGAN. — Approchez, monsieur de Bonnefoi, approchez. (33) Prenez un siège, s'il vous plaît. Ma femme m'a dit, monsieur, que vous étiez fort honnête homme, et tout à fait de ses amis : et je l'ai chargée de vous parler pour un testament que je
5 veux faire.

BÉLINE. — Hélas! je ne suis point capable de parler de ces choses-là.

LE NOTAIRE. — Elle m'a, monsieur, expliqué vos intentions et le dessein où vous êtes pour elle; et j'ai à vous dire là-dessus
10 que vous ne sauriez rien donner à votre femme par votre testament.

ARGAN. — Mais pourquoi?

LE NOTAIRE. — La Coutume[1] y résiste. Si vous étiez en pays de droit écrit, cela se pourrait faire; mais à Paris et dans les
15 pays coutumiers, au moins dans la plupart, c'est ce qui ne se peut, et la disposition serait nulle. Tout l'avantage qu'homme et femme conjoints par mariage se peuvent faire l'un à l'autre, c'est un don mutuel entre vifs; encore faut-il qu'il n'y ait enfants, soit des deux conjoints, ou de l'un d'eux, lors du
20 décès du premier mourant.

ARGAN. — Voilà une Coutume bien impertinente, qu'un mari ne puisse rien laisser à une femme dont il est aimé tendrement et qui prend de lui tant de soin! J'aurais envie de consulter mon avocat pour voir comment je pourrais faire.

25 LE NOTAIRE. — Ce n'est point à des avocats qu'il faut aller, car ils sont d'ordinaire sévères là-dessus et s'imaginent que c'est un grand crime que de disposer en fraude de la loi. Ce sont gens de difficultés, et qui sont ignorants des détours de la conscience[2]. Il y a d'autres personnes à consulter qui sont bien

---

1. C'est-à-dire le droit coutumier que le notaire va définir avec précision. Le centre et le nord de la France, donc Paris, sont régis par ce droit, par opposition aux provinces « méridionales », au sud de la Loire, qui observent le droit romain, ou droit écrit; 2. Des moyens détournés pour faire en conscience n'importe quoi. Allusion probable à la casuistique et à la direction d'intentions.

──────── QUESTIONS ────────

33. Molière a le don de définir ses personnages directement (M. Purgon) ou par antiphrase (M. Bonnefoi). Cherchez d'autres exemples caractéristiques, dans *le Malade imaginaire* ou dans d'autres comédies.

30 plus accommodantes, qui ont des expédients pour passer doucement par-dessus la loi et rendre juste ce qui n'est pas permis,
qui savent aplanir les difficultés d'une affaire et trouver les
moyens d'éluder la Coutume par quelque avantage indirect.
Sans cela, où en serions-nous tous les jours? Il faut de la faci-
35 lité dans les choses; autrement nous ne ferions rien, et je ne
donnerais pas un sou de notre métier. **(34)**

ARGAN. — Ma femme m'avait bien dit, monsieur, que vous
étiez fort habile et fort honnête homme. Comment puis-je
faire, s'il vous plaît, pour lui donner mon bien et en frustrer
40 mes enfants?

LE NOTAIRE. — Comment vous pouvez faire? Vous pouvez
choisir doucement un ami intime de votre femme, auquel
vous donnerez en bonne forme par votre testament tout ce
que vous pouvez[1]; et cet ami ensuite lui rendra tout. Vous
45 pouvez encore contracter un grand nombre d'obligations non
suspectes au profit de divers créanciers, qui prêteront leur
nom à votre femme, et entre les mains de laquelle ils mettront
leur déclaration que ce qu'ils en ont fait n'a été que pour lui
faire plaisir. Vous pouvez aussi, pendant que vous êtes en vie,
50 mettre entre ses mains de l'argent comptant, ou des billets que
vous pourrez avoir payables au porteur. **(35)**

BÉLINE. — Mon Dieu! Il ne faut point vous tourmenter
de tout cela. S'il vient faute de vous[2], mon fils, je ne veux
plus rester au monde.

55 ARGAN. — Mamie!

BÉLINE — Oui, mon ami, si je suis assez malheureuse pour
vous perdre...

---

1. C'est-à-dire la moitié du bien du testateur. Ce procédé est illicite et formel-
lement interdit; 2. Si vous venez à nous manquer; si vous mourez.

──────── **QUESTIONS** ────────

34. Le notaire propose discrètement ses bons offices : par quel geste
rendriez-vous cela évident aux yeux du public? — Étudiez son langage :
relevez tous les mots (adjectifs, verbes, adverbes) qui traduisent non
seulement une certaine « déformation professionnelle », mais encore le
goût des « habiletés » juridiques.

35. Pourquoi le notaire propose-t-il trois solutions? N'est-ce pas à
l'instigation de Béline placée derrière Argan? Dans ce cas, quel jeu de
scène imagineriez-vous?

ARGAN. — Ma chère femme!

BÉLINE. — La vie ne me sera plus de rien.

60 ARGAN. — M'amour!

BÉLINE. — Et je suivrai vos pas pour vous faire connaître la tendresse que j'ai pour vous.

ARGAN. — Mamie, vous me fendez le cœur. Consolez-vous, je vous en prie.

65 LE NOTAIRE. — Ces larmes sont hors de saison, et les choses n'en sont point encore là.

BÉLINE. — Ah! monsieur, vous ne savez pas ce que c'est qu'un mari qu'on aime tendrement.

ARGAN. — Tout le regret que j'aurai, si je meurs, mamie, 70 c'est de n'avoir point un enfant de vous. Monsieur Purgon m'avait dit qu'il m'en ferait faire un.

LE NOTAIRE. — Cela pourra venir encore.

ARGAN. — Il faut faire mon testament, m'amour, de la façon que monsieur dit; mais par précaution je veux vous 75 mettre entre les mains vingt mille francs en or[1], que j'ai dans le lambris de mon alcôve, et deux billets payables au porteur, qui me sont dus, l'un par monsieur Damon, et l'autre par monsieur Géronte.

BÉLINE. — Non, non, je ne veux point de tout cela. Ah! 80 combien dites-vous qu'il y a dans votre alcôve?

ARGAN. — Vingt mille francs, m'amour.

BÉLINE. — Ne me parlez point de bien, je vous prie. Ah! de combien sont les deux billets?

ARGAN. — Ils sont, ma mie, l'un de quatre mille francs, 85 et l'autre de six.

BÉLINE. — Tous les biens du monde, mon ami, ne me sont rien au prix de vous.

LE NOTAIRE. — Voulez-vous que nous procédions au testament?

---

1. De 100 000 à 300 000 F.

90   ARGAN. — Oui, monsieur, mais nous serons mieux dans mon petit cabinet. M'amour, conduisez-moi, je vous prie.

BÉLINE. — Allons, mon pauvre petit fils. (36) (37)

Scène VIII. — ANGÉLIQUE, TOINETTE.

TOINETTE. — Les voilà avec un notaire, et j'ai ouï parler de testament. Votre belle-mère ne s'endort point, et c'est sans doute quelque conspiration contre vos intérêts où elle pousse votre père.

5   ANGÉLIQUE. — Qu'il dispose de son bien à sa fantaisie, pourvu qu'il ne dispose point de mon cœur. Tu vois, Toinette, les desseins violents que l'on fait sur lui. Ne m'abandonne point, je te prie, dans l'extrémité où je suis.

TOINETTE. — Moi, vous abandonner? j'aimerais mieux mou-
10 rir. Votre belle-mère a beau me faire sa confidente et me vouloir jeter dans ses intérêts, je n'ai jamais pu avoir d'inclination pour elle, et j'ai toujours été de votre parti. Laissez-moi faire, j'emploierai toute chose pour vous servir; mais, pour vous

--------- QUESTIONS ---------

36. Pourquoi Béline reprend-elle et exagère-t-elle encore à ce moment ses témoignages de tendresse et d'amour? A quels moments transparaît sa cupidité? — Argan est-il seulement ridicule? Pourquoi est-il aussi pitoyable? Que peut-on reprocher à sa sensibilité? — Étudiez les trois dernières répliques : montrez qu'elles caractérisent l'état d'esprit de chacun des trois personnages en fin de scène.

37. SUR L'ENSEMBLE DE LA SCÈNE VII. — Le personnage de M. Bonnefoi. Est-il tout à fait dans la tradition des notaires de comédie, personnages souvent comiques jusqu'au grotesque? La précision et l'objectivité du langage juridique ne donnent-elles pas un caractère particulier à la friponnerie du personnage? Comparez M. Bonnefoi à M. Loyal du *Tartuffe*.

— L'hypocrisie de Béline : sans avoir l'envergure d'un Tartuffe, n'a-t-elle pas elle aussi réussi à rendre Argan tout « hébété »? Par quels moyens et à quelles fins?

— Comment se fait-il qu'Argan, si économe même à l'égard de son apothicaire, soit si généreux à l'égard de Béline? Jugez l'attitude d'Argan face à la mort : n'est-il pas surprenant qu'il soit si soucieux de faire son testament, et parle de sa mort avec une sorte d'attendrissement?

— Cette scène laisse-t-elle une impression franchement comique? Quelle perspective Molière moraliste ouvre-t-il ici sur certaines tares de la société?

servir avec plus d'effet, je veux changer de batterie[1], couvrir[2]
15 le zèle que j'ai pour vous, et feindre d'entrer dans les sentiments de votre père et de votre belle-mère.

ANGÉLIQUE. — Tâche, je t'en conjure, de faire donner avis
à Cléante du mariage qu'on a conclu.

TOINETTE. — Je n'ai personne à employer à cet office que
20 le vieux usurier Polichinelle[3], mon amant, et il m'en coûtera
pour cela quelques paroles de douceur, que je veux bien dépen-
ser pour vous. Pour aujourd'hui, il est trop tard; mais demain,
de grand matin, je l'enverrai querir, et il sera ravi de...

BÉLINE. — Toinette!

25 TOINETTE. — Voilà qu'on m'appelle. Bonsoir. Reposez-vous
sur moi. (38) (39)

(Le théâtre change et représente une ville.)

---

1. *Changer de batterie :* procéder d'une autre manière; 2. *Couvrir :* dissimuler;
3. *Polichinelle :* personnage venu de la comédie italienne (Pulcinella), vêtu de blanc,
portant un demi-masque noir, il a le nez crochu, sans être bossu comme le sera le
Polichinelle des théâtres de marionnettes. Il est traditionnellement niais et balourd,
et surtout assez goinfre.

──────── **QUESTIONS** ────────

38. SUR LA SCÈNE VIII. — Quelles précisions vous apporte cette scène
sur le rôle de Toinette?

— Étudiez l'enchaînement de cette fin d'acte et de l'intermède. Que
faut-il supprimer quand on ne représente pas celui-ci?

39. SUR L'ENSEMBLE DE L'ACTE PREMIER. — La progression de l'intrigue
depuis l'exposition jusqu'à la fin de l'acte : quel problème traditionnel
se trouve posé?

— Quels obstacles s'opposent au mariage d'Angélique et de Cléante?
Pourquoi la situation d'Angélique paraît-elle plus difficile encore que
celle d'Henriette des *Femmes savantes* ou de Marianne dans *le Tartuffe?*

— Le personnage d'Argan : analysez les différents traits de son caractère. Comment sont dosés en lui les travers qui viennent de sa condition
sociale, de sa situation (père de famille, maître de maison, veuf remarié
à une femme plus jeune que lui) et les ridicules nés de son idée fixe?

— Béline occupe dans le ménage d'Argan la même situation qu'Elmire
chez Orgon : comparez ces deux personnages féminins.

— Comparez Angélique à d'autres jeunes filles du théâtre de Molière
(par exemple à Henriette, à Marianne et même à Agnès).

— La chaise d'Argan, au centre de la pièce, est le seul meuble indispen-
sable de cet acte. Montrez, en imaginant quelques détails de jeux de
scène, que tout doit tourner autour de ce fauteuil.

PREMIER INTERMÈDE[1]

Polichinelle dans la nuit vient pour donner une sérénade à sa maîtresse. Il est interrompu d'abord par des violons, contre lesquels il se met en colère, et ensuite par le guet[2], composé de musiciens et de danseurs.

POLICHINELLE. — O amour, amour, amour, amour! Pauvre Polichinelle, quelle diable de fantaisie t'es-tu allé mettre dans la cervelle? A quoi t'amuses-tu[3], misérable insensé que tu es? Tu quittes le soin de ton négoce, et tu laisses aller tes affaires à l'abandon. Tu ne manges
5 plus, tu ne bois presque plus, tu perds le repos de la nuit, et tout cela pour qui? Pour une dragonne, franche dragonne; une diablesse qui te rembarre et se moque de tout ce que tu peux lui dire. Mais il n'y a point à raisonner là-dessus : tu le veux, amour; il faut être fou comme beaucoup d'autres. Cela n'est pas le mieux du monde
10 à un homme de mon âge; mais qu'y faire? On n'est pas sage quand on veut, et les vieilles cervelles se démontent comme les jeunes.

Je viens voir si je ne pourrai point adoucir ma tigresse par une sérénade. Il n'y a rien parfois qui soit si touchant qu'un amant qui vient chanter ses doléances aux gonds et aux verrous de la porte
15 de sa maîtresse. Voici de quoi accompagner ma voix. O nuit, ô chère nuit, porte mes plaintes amoureuses jusque dans le lit de mon inflexible.

(Il chante ces paroles.)

TEXTE	TRADUCTION
Notte e dî v'amo e v'adoro.	*Nuit et jour je vous aime et vous [adore.*
Cerco un sî per mio ristoro;	*Je cherche un oui pour mon récon- [fort;*
Ma se voi dite di nô,	*Mais si vous dites non,*
20 Bell' ingrata, io morirô.	*Belle ingrate, je mourrai.*
Fra la speranza	*A travers l'espérance*
S'affligge il cuore,	*S'afflige le cœur,*
In lontananza	*Car dans l'absence*
Consuma l'hore;	*Il consume les heures;*
25 Sî dolce inganno	*La si douce illusion*
Che mi figura	*Qui me représente*

---

1. Cet intermède a subi des variations dans les années qui suivirent la mort de Molière; les deux chansons italiennes ne figurent pas dans le livret de 1673; en revanche, l'intermède se réduisait à elles seules en 1674, et elles étaient chantées par « un seigneur Pantalon, accompagné d'un docteur et d'un trivelin »; 2. Le *guet* : service de police de nuit, composé, à l'origine, d'archers; 3. *S'amuser* : perdre son temps.

LE MALADE IMAGINAIRE À LA COMÉDIE-FRANÇAISE (1959)

Premier intermède. — Micheline Boudet et Jacques Sereys.

Breve l'affanno,
Ahi! troppo dura.
Cosi per tropp'amar languisco
[e muoro.

La fin proche de mon tourment,
Hélas! dure trop.
Aussi pour trop aimer je languis
[et je meurs.

30 Notte e dî v'amo e v'adoro.

Cerco un sî per mio ristoro;

Ma se voi dite di nô,
Bell' ingrata, io morirô.

Nuit et jour je vous aime et vous
[adore.
Je cherche un oui pour mon ré-
[confort;
Mais si vous dites non,
Belle ingrate, je mourrai.

Se non dormite,
35 Almen pensate
Alle ferite
Ch'al cuor mi fate;
Deh! almen fingete
Per mio conforto,
40 Se m'uccidete,
D'haver il torto :
Vostra pieta mi scemerà
[il martoro.

Si vous ne dormez pas,
Pensez au moins
Aux blessures
Qu'au cœur vous me faites.
Ah! feignez au moins
Pour mon réconfort,
Si vous me tuez,
D'en avoir remords.
Votre pitié me diminuera
[mon martyr.

Notte e dî v'amo e v'adoro.

Cerco un sî per mio ristoro;

45 Ma se voi dite di nô,
Bell' ingrata, io morirô.

Nuit et jour je vous aime et vous
[adore.
Je cherche un oui pour mon
[réconfort;
Mais si vous dites non,
Belle ingrate, je mourrai.

Une vieille se présente à la fenêtre, et répond au signor Polichinelle
en se moquant de lui.

Zerbinetti, ch' ogn' hor con
[finti sguardi,
Mentiti desiri,
Fallaci sospiri,
50 Accenti buggiardi,
Di fede vi pregiate,
Ah! che non m'ingannate.
Che gia so per prova
Ch'in voi non si trova
55 Constanza nè fede;
Oh! quanto e pazza colei che
[vi crede!

Freluquets qui à toute heure avec
[des regards trompeurs,
Désirs menteurs,
Soupirs fallacieux,
Accents perfides,
Vous vantez de votre foi
Ah! que vous ne m'abusez pas.
Car déjà je sais par expérience
Qu'en vous on ne trouve
Constance ni foi;
Oh! comme elle est folle celle qui
[vous croit!

Quei sguardi languidi	*Les regards languissants*
Non m'innamorano,	*Ne me troublent plus,*
Quei sospir fervidi	*Ces soupirs brûlants*
60 Più non m'infiammano;	*Ne m'enflamment plus ;*
Vel giuro a fe.	*Je vous le jure sur ma foi.*
Zerbino misero,	*Malheureux galant,*
Del vostro piangere	*De toutes vos plaintes*
Il mio cor libero	*Mon cœur libéré*
65 Vuol sempre ridere.	*Veut toujours se rire.*
Credet' a me	*Croyez-moi,*
Che già so per prova	*Déjà je sais par expérience*
Ch'in voi non si trova	*Qu'en vous on ne trouve*
Costanza nè fede;	*Constance ni foi ;*
70 Oh! quanto è pazza colei che	*Oh! comme elle est folle celle qui*
[vi crede!	[*vous croit!*

(Violons.)

POLICHINELLE. — Quelle impertinente harmonie vient interrompre ici ma voix?

(Violons.)

POLICHINELLE. — Paix là! taisez-vous, violons. Laissez-moi me plaindre à mon aise des cruautés de mon inexorable.

(Violons.)

75 POLICHINELLE. — Taisez-vous, vous dis-je! C'est moi qui veux chanter.

(Violons.)

POLICHINELLE. — Paix donc!

(Violons.)

POLICHINELLE. — Ouais!

(Violons.)

POLICHINELLE. — Ahi!

(Violons.)

80 POLICHINELLE. — Est-ce pour rire?

(Violons.)

POLICHINELLE. — Ah! que de bruit!

(Violons.)

POLICHINELLE. — Le diable vous emporte!

(Violons.)

POLICHINELLE. — J'enrage!

(Violons.)

POLICHINELLE. — Vous ne vous tairez pas? Ah! Dieu soit loué!

(Violons.)

85 POLICHINELLE. — Encore?

(Violons.)

POLICHINELLE. — Peste des violons!

(Violons.)

POLICHINELLE. — La sotte musique que voilà!

(Violons.)

POLICHINELLE, *chantant pour se moquer des violons*. — La, la, la, la, la, la.

(Violons.)

90   POLICHINELLE. — La, la, la, la, la, la.

(Violons.)

POLICHINELLE. — La, la, la, la, la, la.

(Violons.)

POLICHINELLE. — La, la, la, la, la, la.

(Violons.)

POLICHINELLE. — La, la, la, la, la, la.

(Violons.)

POLICHINELLE, *avec un luth, dont il ne joue que des lèvres et de la*
95 *langue, en disant :* plin, tan, plan, *etc.* — Par ma foi, cela me diver-
tit. Poursuivez, messieurs les violons, vous me ferez plaisir. Allons
donc, continuez, je vous en prie. Voilà le moyen de les faire taire.
La musique est accoutumée à ne point faire ce qu'on veut. Oh!
sus, à nous! Avant que de chanter, il faut que je prélude un peu
100 et joue quelque pièce, afin de mieux prendre mon ton. Plan, plan,
plan. Plin, plin, plin. Voilà un temps fâcheux pour mettre un luth
d'accord. Plin, plin, plin. Plin, tan, plan. Plin, plin. Les cordes ne
tiennent point par ce temps-là. Plin, plan. J'entends du bruit. Mettons mon luth contre la porte.

ARCHERS, *passant dans la rue, accourent au bruit qu'ils entendent*
105 *et demandent en chantant*. — Qui va là? qui va là?

POLICHINELLE, *tout bas*. — Qui diable est-ce là? Est-ce que c'est
la mode de parler en musique?

ARCHERS. — Qui va là? qui va là? qui va là?

110 POLICHINELLE, *épouvanté*. — Moi, moi, moi.

ARCHERS. — Qui va là? qui va là? vous dis-je.

POLICHINELLE. — Moi, moi, vous dis-je.

ARCHERS. — Et qui toi? et qui toi?

POLICHINELLE. — Moi, moi, moi, moi, moi, moi.

ARCHERS

115   Dis ton nom, dis ton nom, sans davantage attendre.

POLICHINELLE, *feignant d'être bien hardi*.

Mon nom est « Va te faire pendre ».

ARCHERS

Ici camarades, ici.
Saisissons l'insolent qui nous répond ainsi.

ENTRÉE DE BALLET

Tout le guet vient, qui cherche Polichinelle dans la nuit.

(Violons et danseurs.)

POLICHINELLE. — Qui va là?

(Violons et danseurs.)

POLICHINELLE. — Qui sont les coquins que j'entends?

(Violons et danseurs.)

POLICHINELLE. — Euh!

(Violons et danseurs.)

POLICHINELLE. — Holà! mes laquais, mes gens!

(Violons et danseurs.)

5 POLICHINELLE. — Par la mort!

(Violons et danseurs.)

POLICHINELLE. — Par le sang!

(Violons et danseurs.)

POLICHINELLE. — J'en jetterai par terre.

(Violons et danseurs.)

POLICHINELLE. — Champagne, Poitevin, Picard, Basque, Breton!

(Violons et danseurs.)

POLICHINELLE. — Donnez-moi mon mousqueton.

(Violons et danseurs.)

10 POLICHINELLE, *fait semblant de tirer un coup de pistolet.* — Pouh.

(Ils tombent tous et s'enfuient.)

POLICHINELLE, *en se moquant.* — Ah! ah! ah! ah! comme je leur ai donné l'épouvante. Voilà de sottes gens d'avoir peur de moi qui ai peur des autres. Ma foi, il n'est que de jouer d'adresse en ce monde. Si je n'avais tranché du grand seigneur et n'avais fait 15 le brave, ils n'auraient pas manqué de me happer! Ah! Ah! ah!

Les archers se rapprochent, et, ayant entendu ce qu'il disait, ils le saisissent au collet.

ARCHERS

Nous le tenons; à nous, camarades, à nous!
Dépêchez, de la lumière.

BALLET

Tout le guet vient avec des lanternes.

ARCHERS

Ah! traître! Ah! fripon! c'est donc vous?
Faquin, maraud, pendard, impudent, téméraire,
Insolent, effronté, coquin, filou, voleur!
20   Vous osez nous faire peur!

POLICHINELLE

Messieurs, c'est que j'étais ivre.

ARCHERS

Non, non, non, point de raison,
Il faut vous apprendre à vivre.
25   En prison, vite, en prison.

POLICHINELLE. — Messieurs, je ne suis point voleur.

ARCHERS. — En prison.

POLICHINELLE. — Je suis un bourgeois de la ville.

ARCHERS. — En prison.

30 POLICHINELLE. — Qu'ai-je faît?

ARCHERS. — En prison, vite, en prison.

POLICHINELLE. — Messieurs, laissez-moi aller.

ARCHERS. — Non.

POLICHINELLE. — Je vous en prie.

35 ARCHERS. — Non.

POLICHINELLE. — Eh!

ARCHERS. — Non.

POLICHINELLE. — De grâce!

ARCHERS. — Non, non.

40 POLICHINELLE. — Messieurs...

ARCHERS. — Non, non, non.

POLICHINELLE. — S'il vous plaît!

ARCHERS. — Non, non.

POLICHINELLE. — Par charité!

45 ARCHERS. — Non, non.

POLICHINELLE. — Au nom du ciel.

ARCHERS. — Non, non.

POLICHINELLE. — Miséricorde!

ARCHERS

Non, non, non, point de raison,
50   Il faut vous apprendre à vivre.
En prison, vite, en prison.

POLICHINELLE. — Eh! n'est-il rien, messieurs, qui soit capable
d'attendrir vos âmes?

ARCHERS

Il est aisé de nous toucher,
55 Et nous sommes humains plus qu'on ne saurait croire.
Donnez-nous doucement six pistoles pour boire,
Nous allons vous lâcher.

POLICHINELLE. — Hélas! messieurs, je vous assure que je n'ai pas un sol sur moi.

ARCHERS

60 Au défaut de six pistoles,
Choisissez donc, sans façon,
D'avoir trente croquignoles[1]
Ou douze coups de bâton.

POLICHINELLE. — Si c'est une nécessité, et qu'il faille en passer 65 par là, je choisis les croquignoles.

ARCHERS

Allons, préparez-vous,
Et comptez bien les coups.

BALLET

Les archers danseurs lui donnent des croquignoles en cadence.

POLICHINELLE. — Un, et deux, trois et quatre, cinq et six, sept et huit, neuf et dix, onze et douze et treize et quatorze et quinze.

ARCHERS

70 Ah! ah! vous en voulez passer;
Allons, c'est à recommencer.

POLICHINELLE. — Ah! messieurs, ma pauvre tête n'en peut plus, et vous venez de me la rendre comme une pomme cuite. J'aime encore mieux les coups de bâton que de recommencer.

ARCHERS

75 Soit, puisque le bâton est pour vous plus charmant,
Vous aurez contentement.

BALLET

Les archers danseurs lui donnent des coups de bâton en cadence.

POLICHINELLE. — Un, deux, trois, quatre, cinq, six, ah! ah! ah! je n'y saurais plus résister. Tenez, messieurs, voilà six pistoles que je vous donne.

ARCHERS

80 Ah! l'honnête homme! ah! l'âme noble et belle!
Adieu, seigneur, adieu, seigneur Polichinelle.

POLICHINELLE. — Messieurs, je vous donne le bonsoir.

ARCHERS

Adieu, seigneur, adieu, seigneur Polichinelle.

---

1. *Croquignole :* coup donné sur la tête d'un revers de main; toute cette scène paraît empruntée assez exactement à une scène de *Boniface et le pédant*, de Bruno Nolano. Mais la commedia dell'arte devait en offrir plusieurs versions.

POLICHINELLE. — Votre serviteur.

85

ARCHERS

Adieu, seigneur, adieu, seigneur Polichinelle.

POLICHINELLE. — Très humble valet.

ARCHERS

Adieu, seigneur, adieu, seigneur Polichinelle.

POLICHINELLE. — Jusqu'au revoir.

BALLET

Ils dansent tous en réjouissance de l'argent qu'ils ont reçu.

(Le théâtre change et représente une chambre.) **(40)**

ACTE II

SCÈNE PREMIÈRE. — TOINETTE, CLÉANTE[1].

TOINETTE. — Que demandez-vous, monsieur?

CLÉANTE. — Ce que je demande?

TOINETTE. — Ah! ah! c'est vous? Quelle surprise? Que venez-vous faire céans?

5   CLÉANTE. — Savoir ma destinée, parler à l'aimable Angélique, consulter les sentiments de son cœur, et lui demander ses résolutions sur ce mariage fatal dont on m'a averti[2].

TOINETTE. — Oui; mais on ne parle pas comme cela de but en blanc à Angélique; il y faut des mystères, et l'on vous a
10 dit l'étroite garde où elle est retenue, qu'on ne la laisse ni sortir ni parler à personne, et que ce ne fut que la curiosité[3] d'une vieille tante qui nous fit accorder la liberté d'aller à cette comédie qui donna lieu à la naissance de votre passion; et nous nous sommes bien gardées de parler de cette aventure.

---

1. Cléante, que le public n'a pas encore vu, paraît dans le modeste costume d'un maître de musique, un rouleau de musique à la main; 2. Voir acte premier, scène VIII; 3. *Curiosité* : ici, l'intérêt porté par la vieille tante à sa nièce.

QUESTIONS
---

40. SUR L'INTERMÈDE. — Étudiez les rapports de ce premier intermède avec la comédie. Relevez des exemples de burlesque et des exemples de fantaisie. — Même si l'on joue la « cérémonie » finale, on supprime souvent aujourd'hui cet intermède. Êtes-vous favorable à son maintien? — Le public moderne accepte-t-il aussi aisément que celui de 1673 ce divertissement, qui crée une diversion en pleine comédie?

15 CLÉANTE. — Aussi ne viens-je pas ici comme Cléante, et sous l'apparence de son amant, mais comme ami de son maître de musique, dont j'ai obtenu le pouvoir de dire qu'il m'envoie à sa place.

TOINETTE. — Voici son père. Retirez-vous un peu[1], et me 20 laissez lui dire que vous êtes là. (1)

Scène II. — ARGAN, TOINETTE, CLÉANTE.

ARGAN. — Monsieur Purgon m'a dit de me promener le matin dans ma chambre douze allées et douze venues; mais j'ai oublié à[2] lui demander si c'est en long ou en large.

TOINETTE. — Monsieur, voilà un...

5 ARGAN. — Parle bas, pendarde! tu viens m'ébranler tout le cerveau, et tu ne songes pas qu'il ne faut point parler si haut à des malades*.

TOINETTE. — Je voulais vous dire, monsieur...

ARGAN. — Parle bas, te dis-je.

10 TOINETTE. — Monsieur...

(Elle fait semblant de parler.)

ARGAN. — Eh?

TOINETTE. — Je vous dis que...

(Elle fait semblant de parler.)

ARGAN. — Qu'est-ce que tu dis?

TOINETTE, *haut*. — Je dis que voilà un homme qui veut 15 parler à vous.

ARGAN. — Qu'il vienne. (2)

---

1. Cléante ne quitte pas la pièce, mais se retire vers la porte; 2. *Oublier à :* plus courant au XVIIᵉ siècle que « oublier de ».

──────── QUESTIONS ────────

1. SUR LA SCÈNE PREMIÈRE. — Relevez tous les procédés qui rendent cette scène de transition rapide et vivante; quels événements, évoqués au premier acte, se trouvent ici précisés?

2. Étudiez le comique de ce début de scène : quel procédé de la farce prend une valeur nouvelle quand il est appliqué à Argan? Est-il facile de faire oublier au malade imaginaire les préoccupations relatives à sa santé? — Sur quel ton, maussade, indifférent ou empressé, Argan dit-il *Qu'il vienne?*

(Toinette fait signe à Cléante d'avancer.)

CLÉANTE. — Monsieur...

TOINETTE, *raillant*. — Ne parlez pas si haut, de peur d'ébranler le cerveau de monsieur.

20 CLÉANTE. — Monsieur, je suis ravi de vous trouver debout et de voir que vous vous portez mieux.

TOINETTE, *feignant d'être en colère*. — Comment, qu'il se porte mieux? Cela est faux. Monsieur se porte toujours mal.

CLÉANTE. — J'ai ouï dire que monsieur était mieux, et je 25 lui trouve bon visage.

TOINETTE. — Que voulez-vous dire avec votre bon visage? Monsieur l'a fort mauvais, et ce sont des impertinents qui vous ont dit qu'il était mieux. Il ne s'est jamais si mal porté.

ARGAN. — Elle a raison.

30 TOINETTE. — Il marche, dort, mange et boit tout comme les autres; mais cela n'empêche pas qu'il ne soit fort malade*.

ARGAN. — Cela est vrai. (3)

CLÉANTE. — Monsieur, j'en suis au désespoir. Je viens de la part du maître à chanter de mademoiselle votre fille. Il 35 s'est vu obligé d'aller à la campagne pour quelques jours, et, comme son ami intime, il m'envoie à sa place pour lui continuer ses leçons de peur qu'en les interrompant elle ne vînt à oublier ce qu'elle sait déjà.

ARGAN. — Fort bien. Appelez Angélique.

40 TOINETTE. — Je crois, monsieur, qu'il sera mieux de mener monsieur à sa chambre.

ARGAN. — Non, faites-la venir.

TOINETTE. — Il ne pourra lui donner leçon comme il faut s'ils ne sont en particulier.

45 ARGAN. — Si fait, si fait.

TOINETTE. — Monsieur, cela ne fera que vous étourdir, et il ne faut rien pour vous émouvoir en l'état où vous êtes et vous ébranler le cerveau.

──────── **QUESTIONS** ────────

3. Quelle « gaffe » commet Cléante? Comment Toinette rétablit-elle la situation? Pourquoi Argan ne comprend-il pas que sa servante se moque de lui? Que retient-il surtout de ses propos?

ARGAN. — Point, point, j'aime la musique[1], et je serai bien
50 aise de... Ah! la voici. (4) Allez-vous-en voir, vous, si ma femme
est habillée. (5)

Scène III. — ARGAN, ANGÉLIQUE, CLÉANTE.

ARGAN. — Venez, ma fille, votre maître de musique est allé
aux champs, et voilà une personne qu'il envoie à sa place
pour vous montrer.

ANGÉLIQUE. — Ah! ciel.

5 ARGAN. — Qu'est-ce? D'où vient cette surprise?

ANGÉLIQUE. — C'est...

ARGAN. — Quoi? Qui vous émeut de la sorte?

ANGÉLIQUE. — C'est, mon père, une aventure surprenante
qui se rencontre ici.

10 ARGAN. — Comment?

ANGÉLIQUE. — J'ai songé[2] cette nuit que j'étais dans le plus
grand embarras du monde, et qu'une personne faite tout
comme monsieur s'est présentée à moi, à qui j'ai demandé
secours, et qui m'est venue tirer de la peine où j'étais; et ma
15 surprise a été grande de voir inopinément en arrivant ici ce
que j'ai eu dans l'idée toute la nuit.

CLÉANTE. — Ce n'est pas être malheureux que d'occuper
votre pensée, soit en dormant, soit en veillant; et mon bonheur

---

1. Trait de caractère commun à plusieurs des personnages interprétés par Molière,
en particulier à M. Jourdain; 2. *Songer :* ici, voir en songe.

──────── **QUESTIONS** ────────

4. Est-ce par méfiance ou par plaisir qu'Argan s'obstine à rester?
Toinette n'a-t-elle pas contribué malgré elle à créer la bonne humeur
d'Argan? Quel comique de situation est ainsi créé?

5. SUR L'ENSEMBLE DE LA SCÈNE II. — Montrez comment Molière fait
servir à la connaissance du principal caractère une scène qui aurait pu
être purement épisodique. Quels sont les nouveaux traits d'Argan qu'elle
nous révèle? Peut-on reprocher à Argan d'accueillir tout de suite et
de croire sur parole l'inconnu qui se présente à lui?
— A quelle situation comique s'attend-on?
— A quoi nous préparent les derniers mots d'Argan (lignes 50-51)?
Voir acte premier, scène v, ligne 65.

20 serait grand sans doute[1] si vous étiez dans quelque peine dont
vous me jugeassiez digne de vous tirer; et il n'y a rien que je
ne fisse pour... **(6)**

Scène IV. — TOINETTE, CLÉANTE, ANGÉLIQUE, ARGAN.

TOINETTE, *par dérision.* — Ma foi, monsieur, je suis pour
vous maintenant, et je me dédis de tout ce que je disais hier.
Voici monsieur Diafoirus le père et monsieur Diafoirus le
fils qui viennent vous rendre visite. Que vous serez bien engen-
5 dré[2]! Vous allez voir le garçon le mieux fait du monde et le
plus spirituel. Il n'a dit que deux mots, qui m'ont ravie, et
votre fille va être charmée de lui.

ARGAN, *à Cléante, qui feint de vouloir s'en aller.* — Ne vous
en allez point, monsieur. C'est que je marie ma fille, et voilà
10 qu'on lui amène son prétendu mari[3], qu'elle n'a point encore vu.

CLÉANTE. — C'est m'honorer beaucoup, monsieur, de vouloir que je sois témoin d'une entrevue si agréable.

ARGAN. — C'est le fils d'un habile médecin*, et le mariage
se fera dans quatre jours.

15 CLÉANTE. — Fort bien.

ARGAN. — Mandez-le[4] un peu à son maître de musique,
afin qu'il se trouve à la noce.

CLÉANTE. — Je n'y manquerai pas.

ARGAN. — Je vous y prie aussi.

20 CLÉANTE. — Vous me faites beaucoup d'honneur.

---

1. *Sans doute :* sans aucun doute, très certainement; 2. Que vous aurez un bon
et beau gendre; 3. Son prétendant, son fiancé; 4. Faites-le savoir.

──────── **QUESTIONS** ────────

6. SUR LA SCÈNE III. — Notez la promptitude avec laquelle Angélique
revient de sa surprise et cherche à l'expliquer. Quel trait de son caractère
se révèle ainsi?

— Comment Angélique facilite-t-elle la tâche de Cléante? Comment
entre-t-elle dans le jeu?

TOINETTE. — Allons, qu'on se range; les voici. (7)

Scène V. — MONSIEUR DIAFOIRUS, THOMAS DIAFOIRUS, ARGAN, ANGÉLIQUE, CLÉANTE, TOINETTE.

ARGAN, *mettant la main à son bonnet sans l'ôter.* — Monsieur Purgon, monsieur, m'a défendu de découvrir ma tête. Vous êtes du métier, vous savez les conséquences.

5 MONSIEUR DIAFOIRUS. — Nous sommes dans toutes nos visites pour porter secours aux malades*, et non pour leur porter de l'incommodité.

ARGAN. — Je reçois, monsieur...

(Ils parlent tous deux en même temps, s'interrompent et confondent.)

MONSIEUR DIAFOIRUS. — Nous venons ici, monsieur...

ARGAN. — Avec beaucoup de joie...

10 MONSIEUR DIAFOIRUS. — Mon fils Thomas et moi...

ARGAN. — L'honneur que vous me faites...

MONSIEUR DIAFOIRUS. — Vous témoigner, monsieur...

ARGAN. — Et j'aurais souhaité...

MONSIEUR DIAFOIRUS. — Le ravissement où nous sommes...

15 ARGAN. — De pouvoir aller chez vous....

MONSIEUR DIAFOIRUS. — De la grâce que vous nous faites...

ARGAN. — Pour vous en assurer...

MONSIEUR DIAFOIRUS. — De vouloir bien nous recevoir...

ARGAN. — Mais vous savez, monsieur...

20 MONSIEUR DIAFOIRUS. — Dans l'honneur, monsieur...

────────── QUESTIONS ──────────

7. Sur la scène iv. — Quel effet est produit par l'annonce de l'arrivée de Diafoirus? Cette visite était-elle prévue (voir acte premier, scène v, ligne 65)? Montrez que le spectateur est à la fois déçu de voir ainsi « couper » la scène précédente et curieux de la situation nouvelle ainsi créée.

— Il faut quelques instants aux Diafoirus pour préparer leur entrée. Montrez avec quelle habileté Molière utilise ce moment d'attente. La civilité d'Argan est-elle ridicule en elle-même? En quoi crée-t-elle un comique de situation?

ARGAN. — Ce que c'est qu'un pauvre malade*...

MONSIEUR DIAFOIRUS. — De votre alliance...

ARGAN. — Qui ne peut faire autre chose...

MONSIEUR DIAFOIRUS. — Et vous assurer...

25 ARGAN. — Que de vous dire ici...

MONSIEUR DIAFOIRUS. — Que dans les choses qui dépendront de notre métier...

ARGAN. — Qu'il cherchera toutes les occasions...

MONSIEUR DIAFOIRUS. — De même qu'en toute autre...

30 ARGAN. — De vous faire connaître, monsieur...

MONSIEUR DIAFOIRUS. — Nous serons toujours prêts, monsieur...

ARGAN. — Qu'il est tout à votre service...

MONSIEUR DIAFOIRUS. — A vous témoigner notre zèle. (8)
35 *(Il se retourne vers son fils et lui dit)* : Allons, Thomas, avancez. Faites vos compliments.

THOMAS DIAFOIRUS *est un grand benêt[1] nouvellement sorti des écoles, qui fait toutes choses de mauvaise grâce et à contretemps.* (9) — N'est-ce pas par le père qu'il convient commencer?

40 MONSIEUR DIAFOIRUS. — Oui.

THOMAS DIAFOIRUS. — Monsieur, je viens saluer, reconnaître, chérir et révérer en vous un second père, mais un second père auquel j'ose dire que je me trouve plus redevable qu'au premier. Le premier m'a engendré, mais vous m'avez choisi.

---

1. *Benêt :* niais, sot; ce sont peut-être ces mots qui ont fait affirmer que le type de Thomas avait été emprunté à une farce jouée en 1664 sur le théâtre de Molière : *le Grand Benêt de fils aussi sot que son père,* dont on ne connaît d'ailleurs que le titre. On a rapproché aussi Thomas du héros d'une vieille farce : *Maître Mimin* (reproduit dans l'*Ancien Théâtre français,* de Viollet-le-Duc, II).

─────── QUESTIONS ───────

8. Quel procédé de farce Molière reprend-il ici (voir *l'Amour médecin,* acte II, scène IV, où les médecins parlent tous à la fois)? L'aspect mécanique des deux personnages. — Reconstituez les deux compliments et étudiez la différence de ton. Molière n'a-t-il voulu cette « confusion », c'est-à-dire ce mélange des propos, que dans une intention comique?

9. Cette rubrique justifie les interprétations les plus caricaturales du rôle de Thomas; quelle explication donne-t-elle de la gaucherie du jeune Diafoirus? — Comment, pour votre part, joueriez-vous le rôle de Thomas (costume, démarche, gestes, voix)?

45 Il m'a reçu par nécessité, mais vous m'avez accepté par grâce.
Ce que je tiens de lui est un ouvrage de son corps, mais ce que
je tiens de vous est un ouvrage de votre volonté[1]; et, d'autant
plus que les facultés spirituelles sont au-dessus des corporelles, d'autant plus je vous dois, et d'autant plus je tiens
50 précieuse cette future filiation, dont je viens aujourd'hui vous
rendre par avance les très humbles et très respectueux hom-
mages (10).

TOINETTE. — Vivent les collèges d'où l'on sort si habile
homme!

55 THOMAS DIAFOIRUS. — Cela a-t-il bien été, mon père?

MONSIEUR DIAFOIRUS. — *Optime*[2].

ARGAN, *à Angélique.* — Allons, saluez monsieur.

THOMAS DIAFOIRUS. — Baiserai-je[3]?

MONSIEUR DIAFOIRUS. — Oui, oui.

60 THOMAS DIAFOIRUS, *à Angélique.* — Madame, c'est avec justice que le ciel vous a concédé le nom de belle-mère, puisque
l'on...

ARGAN. — Ce n'est pas ma femme, c'est ma fille à qui
vous parlez.

65 THOMAS DIAFOIRUS. — Où donc est-elle?

ARGAN. — Elle va venir.

THOMAS DIAFOIRUS. — Attendrai-je, mon père, qu'elle soit
venue?

MONSIEUR DIAFOIRUS. — Faites toujours le compliment de
70 mademoiselle. (11)

---

1. Cicéron, rentrant d'exil, disait aux citoyens romains : « Je vous dois plus qu'à
mes parents; ils m'ont fait naître enfant, ils m'ont reçu par nécessité; par vous je
renais consulaire... »; 2. *Optime* : très bien; 3. Non la main, mais la joue, selon la
coutume de l'époque.

─────── QUESTIONS ───────

10. Le style de ce compliment : étudiez la parodie des procédés ora-
toires et (en vous aidant de la note 1) le développement d'un lieu
commun. Peut-il y avoir quelque sentiment sincère dans un tel compliment?
11. D'où vient le comique de Thomas Diafoirus? Montrez que sa
niaiserie se développe selon un mécanisme bien réglé : comment peut-il
prendre Angélique pour Béline? Quelle explication Toinette donne-t-elle
au ridicule de Thomas?

THOMAS DIAFOIRUS. — Mademoiselle, ne plus ne moins que la statue de Memnon rendait un son harmonieux lorsqu'elle venait à être éclairée des rayons du soleil[1], tout de même me sens-je animé d'un doux transport à l'apparition du soleil de
75 vos beautés. Et, comme les naturalistes remarquent que la fleur nommée héliotrope tourne sans cesse vers cet astre du jour, aussi mon cœur, dores-en-avant[2], tournera-t-il toujours vers les astres resplendissants de vos yeux adorables, ainsi que vers son pôle unique. Souffrez donc, mademoiselle, que j'ap-
80 pende aujourd'hui à l'autel de vos charmes l'offrande de ce cœur, qui ne respire et n'ambitionne autre gloire que d'être toute sa vie, mademoiselle, votre très humble, très obéissant et très fidèle serviteur et mari. (12)

TOINETTE, *en le raillant.* — Voilà ce que c'est que d'étudier,
85 on apprend à dire de belles choses.

ARGAN[3]. — Eh! que dites-vous de cela?

CLÉANTE. — Que monsieur fait merveilles, et que, s'il est aussi bon médecin* qu'il est bon orateur, il y aura plaisir à être de ses malades*.

90 TOINETTE. — Assurément. Ce sera quelque chose d'admirable, s'il fait d'aussi belles cures qu'il fait de beaux discours.

ARGAN. — Allons, vite, ma chaise, et des sièges à tout le monde. Mettez-vous là, ma fille. (13) Vous voyez, monsieur,

---

1. Statue élevée près de Thèbes d'Égypte. Memnon, d'après une légende grecque, semblait ainsi saluer l'apparition de l'Aurore, sa mère. Comparaison devenue banale; en 1608, Mathurin Régnier écrivait déjà, dans son *Epitre au roi* : « On lit qu'en Éthiopie il y avait une statue qui rendait un son harmonieux toutes les fois que le soleil levant la regardait. Ce même miracle, Sire, avez-vous fait en moi qui, touché de l'astre de Votre Majesté, ai reçu la voix et la parole. » 2. Forme déjà vieillie pour *dorénavant*. Le style de Thomas est plein d'expressions surannées; 3. A Cléante, un peu oublié en tout cela.

══════════ **QUESTIONS** ══════════

12. Comparez le second compliment au premier. Étudiez la parodie des nouveaux défauts (prétention des images, archaïsme, termes techniques). *Le Malade imaginaire* est-il la première pièce où Molière ridiculise cette forme de pédantisme?

13. Imaginez les différentes dispositions possibles des personnages assis. Le plus souvent, la place de Thomas, le choix de son siège, etc., donnent lieu ici à des jeux de scène comiques. Inventez-en (ou rappelez-en) quelques-uns.

que tout le monde admire monsieur votre fils, et je vous trouve
95 bien heureux de vous voir un garçon comme cela.

MONSIEUR DIAFOIRUS. — Monsieur, ce n'est pas parce que
je suis son père, mais je puis dire que j'ai sujet d'être content
de lui, et que tous ceux qui le voient en parlent comme d'un
garçon qui n'a point de méchanceté. Il n'a jamais eu l'ima-
100 gination bien vive, ni ce feu d'esprit qu'on remarque dans
quelques-uns, mais c'est par là que j'ai toujours bien auguré
de sa judiciaire[1], qualité requise pour l'exercice de notre art[2].
Lorsqu'il était petit, il n'a jamais été ce qu'on appelle mièvre[3]
et éveillé. On le voyait toujours doux, paisible et taciturne, ne
105 disant jamais mot, et ne jouant jamais à tous ces petits jeux
que l'on nomme enfantins. On eut toutes les peines du monde
à lui apprendre à lire, et il avait neuf ans qu'il ne connaissait
pas encore ses lettres. « Bon, disais-je en moi-même, les arbres
tardifs sont ceux qui produisent les meilleurs fruits. On grave
110 sur le marbre bien plus malaisément que sur le sable; mais
les choses y sont conservées bien plus longtemps, et cette len-
teur à comprendre, cette pesanteur d'imagination est la marque
d'un bon jugement à venir. » Lorsque je l'envoyai au collège,
il trouva de la peine; mais il se raidissait contre les difficultés,
115 et ses régents[4] se louaient toujours à moi de son assiduité et
de son travail. Enfin, à force de battre le fer, il en est venu
glorieusement à avoir ses licences; et je puis dire sans vanité
que depuis deux ans qu'il est sur les bancs[5], il n'y a point
de candidat qui ait fait plus de bruit que lui dans toutes les
120 disputes de notre école. Il s'y est rendu redoutable, et il ne
s'y passe point d'acte[6] où il n'aille argumenter à outrance
pour la proposition contraire. Il est ferme dans la dispute,
fort comme un Turc sur ses principes, ne démord jamais de
son opinion, et poursuit un raisonnement jusque dans les
125 derniers recoins de la logique. Mais, sur toute chose, ce qui
me plaît en lui, et en quoi il suit mon exemple, c'est qu'il
s'attache aveuglément aux opinions de nos anciens, et que
jamais il n'a voulu comprendre ni écouter les raisons et les
expériences des prétendues découvertes de notre siècle tou-

---

1. *Judiciaire* : jugement, bon sens; 2. Thomas sera reçu médecin dans trois jours.
Son père, avec fierté, parle d'un art qui leur est commun; 3. *Mièvre* : « Se dit d'un
enfant vif, remuant et un peu malicieux » (*Dictionnaire de l'Académie*, 1694);
4. *Régent* : professeur de collège; 5. Où se tenaient les bacheliers tenus d'assister
aux exercices de l'école; 6. *Acte* : discussion publique sur un sujet de thèse.

130 chant la circulation du sang et autres opinions de même
farine[1]. **(14)**

THOMAS DIAFOIRUS, *tirant une grande thèse roulée de sa poche,
qu'il présente à Angélique.* — J'ai contre les circulateurs[2]
soutenu une thèse, qu'avec la permission de monsieur, j'ose
135 présenter à mademoiselle comme un hommage que je lui dois
des prémices[3] de mon esprit[4].

ANGÉLIQUE. — Monsieur, c'est pour moi un meuble[5] inu-
tile, et je ne me connais pas à ces choses-là.

TOINETTE. — Donnez, donnez, elle est toujours bonne à
140 prendre pour l'image[6], cela servira à parer notre chambre.

THOMAS DIAFOIRUS. — Avec la permission aussi de monsieur, je vous invite à venir voir l'un de ces jours, pour vous
divertir, la dissection d'une femme, sur quoi je dois raisonner.

TOINETTE. — Le divertissement sera agréable. Il y en a qui

---

1. La découverte d'Harvey datait de 1619, mais avait rencontré à la faculté de
Paris de vives et longues réticences. Guy Patin fut un des plus hostiles et présidait
encore en 1670 et 1672 des thèses contre les circulateurs. Mais le succès de ceux-ci
s'affirmait déjà, et il fut confirmé en 1673 par la fondation d'une chaire pour la propagation des découvertes nouvelles; 2. Guy Patin n'est pas le dernier à faire remarquer que *circulator* signifie en latin « charlatan »; 3. *Prémices :* se dit d'abord des
premiers fruits, des premières récoltes de l'année, que, dans les religions antiques,
on offrait aux dieux; 4. Les thèses étaient alors luxueusement imprimées, leurs
couvertures ornées de dessins, de rubans; 5. *Meuble :* au sens le plus général; 6. Enlu-
minure représentant quelque scène allégorique ou le portrait d'un des maîtres de
la Faculté.

————— QUESTIONS —————

14. Dans cette cérémonie de demande officielle en mariage, est-il normal que Diafoirus présente son fils? — Étudiez la composition de ce
discours : comment s'y révèlent en même temps le caractère du père
et celui du médecin? — Le père est-il conscient de l'insuffisance intellectuelle de son fils. Doit-on lui reprocher de justifier ainsi sa médiocrité?
En quoi est-ce à la fois ridicule et émouvant? — Peut-on avoir autant
d'indulgence pour Diafoirus médecin? Comment démontre-t-il qu'un
élève borné, mais travailleur, a justement toutes les qualités requises
pour devenir un excellent médecin? A quoi reconnaît-on que Diafoirus
savoure maintenant une sorte de triomphe? D'où vient alors le comique
du personnage? — Étudiez le style et le ton de cette tirade : quelles indications donnent-ils sur le caractère de M. Diafoirus? — Les critiques
de Molière contre l'enseignement officiel des facultés; quelle est l'importance de la dernière phrase pour les opinions de Molière contre certains
médecins et en faveur du progrès? D'après la note 1, essayez d'imaginer
comment le public de 1673 pouvait apprécier cette prise de position en
faveur de la circulation du sang.

145 donnent la comédie à leurs maîtresses, mais donner une dissection est quelque chose de plus galant[1]. **(15)**

MONSIEUR DIAFOIRUS. — Au reste, pour ce qui est des qualités requises pour le mariage et la propagation, je vous assure
que, selon les règles de nos docteurs, il est tel qu'on le peut
150 souhaiter; qu'il possède en un degré louable la vertu proli-
fique, et qu'il est du tempérament[2] qu'il faut pour engendrer
et procréer des enfants bien conditionnés.

ARGAN. — N'est-ce pas votre intention, monsieur, de le
pousser à la cour et d'y ménager pour lui une charge de
155 médecin*? **(16)**

MONSIEUR DIAFOIRUS. — A vous en parler franchement,
notre métier auprès des grands ne m'a jamais paru agréable,
et j'ai toujours trouvé qu'il valait mieux, pour nous autres,
demeurer au public. Le public est commode. Vous n'avez à
160 répondre de vos actions à personne, et, pourvu que l'on suive
le courant des règles de l'art*, on ne se met point en peine de
tout ce qui peut arriver. Mais ce qu'il y a de fâcheux auprès
des grands, c'est que, quand ils viennent à être malades*, ils
veulent absolument que leurs médecins* les guérissent*.

165 TOINETTE. — Cela est plaisant, et ils sont bien impertinents
de vouloir que, vous autres, messieurs, vous les guérissiez*!
Vous n'êtes point auprès d'eux pour cela; vous n'y êtes que
pour recevoir vos pensions et leur ordonner* des remèdes*;
c'est à eux à guérir* s'ils peuvent.

---

1. Les dissections étaient encore assez rares et pratiquées seulement, en principe,
sur des cadavres de malfaiteurs. En 1667, une dissection presque publique, faite à
l'Académie des sciences sur un corps de femme, avait fait scandale (voir Boileau,
Satire X); 2. *Tempérament :* équilibre des éléments qui constituent le corps humain.
L'étude des tempéraments est, comme celle des humeurs, la base de la médecine
ancienne.

─────── **QUESTIONS** ───────

15. Le cadeau de Thomas Diafoirus et son invitation sont-ils seulement
pour nous des indications intéressantes pour les mœurs du temps? Quelle
valeur psychologique contiennent ces deux traits, surtout si l'on tient
compte de l'âge de Thomas Diafoirus? Comparez avec *les Plaideurs*,
où Perrin Dandin veut offrir le divertissement d'une séance de torture.

16. Cette question, digne de M. Jourdain, est-elle bien dans le caractère d'Argan? Quel est son intérêt et celui de la réponse de Diafoirus?
Jusqu'où va l'inconscience du médecin?

170 MONSIEUR DIAFOIRUS. — Cela est vrai. On n'est obligé qu'à traiter les gens dans les formes[1]. **(17)**

ARGAN, *à Cléante*. — Monsieur, faites un peu chanter ma fille devant la compagnie. **(18)**

CLÉANTE. — J'attendais vos ordres, monsieur, et il m'est
175 venu en pensée, pour divertir la compagnie, de chanter avec mademoiselle une scène d'un petit opéra qu'on a fait depuis peu. *(A Angélique, lui donnant un papier.)* Tenez, voilà votre partie.

ANGÉLIQUE. — Moi?

180 CLÉANTE, *bas à Angélique*. — Ne vous défendez point, s'il vous plaît, et me laissez vous faire comprendre ce que c'est que la scène que nous devons chanter. *(Haut.)* Je n'ai pas une voix à chanter[2]; mais il suffit que je me fasse entendre, et l'on aura la bonté de m'excuser par la nécessité où je me
185 trouve de faire chanter mademoiselle.

ARGAN. — Les vers en sont-ils beaux?

CLÉANTE. — C'est proprement ici un petit opéra impromptu, et vous n'allez entendre chanter que de la prose cadencée, ou des manières de vers libres[3], tels que la passion et la nécessité
190 peuvent faire trouver à deux personnes qui disent les choses d'elles-mêmes et parlent sur-le-champ[4].

ARGAN. — Fort bien. Écoutons.

CLÉANTE, *sous le nom d'un berger, explique à sa maîtresse son amour depuis leur rencontre, et ensuite ils s'appliquent*
195 *leurs pensées l'un à l'autre en chantant*. — Voici le sujet de la scène. Un berger était attentif aux beautés d'un spectacle qui ne faisait que de commencer, lorsqu'il fut tiré de son

---

1. Ce formalisme est l'éternel reproche de Molière aux médecins du temps (voir *l'Amour médecin*, acte II, scène v); **2.** La Grange et Armande Béjart remportèrent pourtant ici un grand succès, mais cette excuse est souvent nécessaire pour des comédiens; **3.** Critique de l'opéra (voir Notice, page 10); **4.** Souvenir du *Dom Bertrand de Cigarral*, de Thomas Corneille (voir Notice, page 20).

──────── **QUESTIONS** ────────

17. Que pensez-vous de l'intervention de Toinette dans une conversation si importante et privée? Pourquoi la réponse de Diafoirus est-elle doublement ridicule?

18. Argan déplace brutalement la conversation. Est-ce seulement une obligation pour la conduite de l'action? N'y a-t-il pas aussi un trait de caractère d'Argan face à M. Diafoirus?

LE MALADE IMAGINAIRE AU THÉÂTRE DE L'ATHÉNÉE (1964)
Argan entre Béline et Toinette.

Phot. Lipnitzki.

DEUX DÉCORS MODERNES DU *MALADE IMAGINAIRE*

En haut, au théâtre de l'Athénée (1964).

En bas, au théâtre Sarah-Bernhardt (1958).

attention par un bruit qu'il entendit à ses côtés. Il se retourne
et voit un brutal qui, de paroles insolentes, maltraitait une
200 bergère. D'abord il prend les intérêts d'un sexe à qui tous
les hommes doivent hommage; et, après avoir donné au brutal
le châtiment de son insolence, il vient à la bergère et voit une
jeune personne qui, des deux plus beaux yeux qu'il eût jamais
vus, versait des larmes, qu'il trouva les plus belles du monde.
205 « Hélas! dit-il en lui-même, est-on capable d'outrager une
personne si aimable. Et quel humain, quel barbare, ne serait
touché par de telles larmes? » Il prend soin de les arrêter, ces
larmes, qu'il trouve si belles; et l'aimable bergère prend soin
en même temps de le remercier de son léger service, mais d'une
210 manière si charmante, si tendre et si passionnée, que le berger
n'y peut résister, et chaque mot, chaque regard, est un trait
plein de flamme dont son cœur se sent pénétré. « Est-il, disait-il,
quelque chose qui puisse mériter les aimables paroles d'un
tel remerciement? Et que ne voudrait-on pas faire, à quels
215 services, à quels dangers ne serait-on pas ravi de courir, pour
s'attirer un seul moment des touchantes douceurs d'une âme
si reconnaissante? » Tout le spectacle passe sans qu'il y donne
aucune attention; mais il se plaint qu'il est trop court, parce
qu'en finissant il le sépare de son adorable bergère; et, de cette
220 première vue, de ce premier moment, il emporte chez lui tout
ce qu'un amour de plusieurs années peut avoir de plus vio-
lent. Le voilà aussitôt à sentir tous les maux de l'absence, et
il est tourmenté de ne plus voir ce qu'il a si peu vu. Il fait
tout ce qu'il peut pour se redonner cette vue, dont il conserve
225 nuit et jour une si chère idée; mais la grande contrainte où
l'on tient sa bergère lui en ôte tous les moyens. La violence
de sa passion le fait résoudre à demander en mariage l'adorable beauté sans laquelle il ne peut plus vivre, et il en obtient
d'elle la permission par un billet qu'il a l'adresse de lui faire
230 tenir. Mais dans le même temps on l'avertit que le père de
cette belle a conclu son mariage avec un autre, et que tout
se dispose pour en célébrer la cérémonie. Jugez quelle atteinte
cruelle au cœur de ce triste berger! Le voilà accablé d'une mortelle douleur. Il ne peut souffrir l'effroyable idée de voir tout
235 ce qu'il aime entre les bras d'un autre, et son amour au désespoir lui fait trouver moyen de s'introduire dans la maison de
sa bergère pour apprendre ses sentiments et savoir d'elle la
destinée à laquelle il doit se résoudre. Il y rencontre les apprêts
de tout ce qu'il craint; il y voit venir l'indigne rival que le

240 caprice d'un père oppose aux tendresses de son amour. Il
le voit triomphant, ce rival ridicule, auprès de l'aimable bergère, ainsi qu'auprès d'une conquête qui lui est assurée, et
cette vue le remplit d'une colère dont il a peine à se rendre
maître. Il jette de douloureux regards sur celle qu'il adore,
245 et son respect et la présence de son père l'empêchent de lui
rien dire que des yeux. Mais enfin il force toute contrainte,
et le transport de son amour l'oblige à lui parler ainsi : **(19)**

(Il chante.)
Belle Philis, c'est trop, c'est trop souffrir;
Rompons ce dur silence, et m'ouvrez vos pensées.
250 Apprenez-moi ma destinée :
Faut-il vivre? faut-il mourir?

ANGÉLIQUE, *répond en chantant*.
Vous me voyez, Tircis, triste et mélancolique
Aux apprêts de l'hymen dont vous vous alarmez :
Je lève au ciel les yeux, je vous regarde, je soupire,
255 C'est vous en dire assez.

ARGAN. — Ouais, je ne croyais pas que ma fille fût si habile
que de chanter ainsi à livre ouvert sans hésiter.

CLÉANTE
Hélas! belle Philis,
Se pourrait-il que l'amoureux Tircis
Eût assez de bonheur
260 Pour avoir quelque place dans votre cœur?

ANGÉLIQUE
Je ne m'en défends point dans cette peine extrême :
Oui, Tircis, je vous aime.

CLÉANTE
O parole pleine d'appas!
Ai-je bien entendu, hélas!
265 Redites-la, Philis, que je n'en doute pas.

─────── **QUESTIONS** ───────

19. Relevez et expliquez toutes les allusions de Cléante à Angélique,
à Diafoirus et à la situation présente. Quelle est l'attitude de Cléante
et des auditeurs durant cette tirade? — Le style de cette tirade; tout en
y parodiant le style sentimental de l'époque, Molière ridiculise-t-il Cléante?
Quelle impression peut produire Cléante sur Angélique, par comparaison avec Thomas Diafoirus? — Comment Cléante profite-t-il de l'occasion qui lui est offerte? Quelles précisions est-il obligé de donner à Angélique et aux autres personnages pour que sa ruse réussisse?

ANGÉLIQUE

Oui, Tircis, je vous aime.

CLÉANTE

De grâce, encor, Philis.

ANGÉLIQUE

270   Je vous aime.

CLÉANTE

Recommencez cent fois, ne vous en lassez pas.

ANGÉLIQUE

Je vous aime, je vous aime;
Oui, Tircis, je vous aime.

CLÉANTE

Dieux, rois, qui sous vos pieds regardez tout le monde,
Pouvez-vous comparer votre bonheur au mien?
                 Mais, Philis, une pensée
275   Vient troubler ce doux transport.
                 Un rival, un rival...

ANGÉLIQUE

Ah! je le hais plus que la mort,
Et sa présence, ainsi qu'à vous,
          M'est un cruel supplice.

CLÉANTE

280 Mais un père à ses vœux vous veut assujettir.

ANGÉLIQUE

Plutôt, plutôt mourir
Que de jamais y consentir;
Plutôt, plutôt mourir, plutôt mourir! **(20)**

ARGAN. — Et que dit le père à tout cela?

285 CLÉANTE. — Il ne dit rien.

ARGAN. — Voilà un sot père que ce père-là de souffrir
toutes ces sottises-là sans rien dire!

CLÉANTE

Ah! mon amour...

ARGAN. — Non, non, en voilà assez. Cette comédie-là est
290 de fort mauvais exemple. Le berger Tircis est un impertinent,
et la bergère Philis, une impudente de parler de la sorte devant
son père. Montrez-moi ce papier. Ah! ah! Où sont donc les

──────── QUESTIONS ────────

20. Dans ce duo improvisé, Angélique tient-elle bien son rôle? Est-il
toutefois normal qu'elle ait moins d'habileté que Cléante? — Définissez,
d'après ce duo, ce que Molière appelle « prose cadencée »?

paroles que vous avez dites? Il n'y a là que de la musique
écrite.

295 CLÉANTE. — Est-ce que vous ne savez pas, monsieur, qu'on
a trouvé depuis peu l'invention d'écrire les paroles avec les
notes mêmes?

ARGAN. — Fort bien. Je suis votre serviteur, monsieur;
jusqu'au revoir. Nous nous serions bien passés de votre imper-
300 tinent d'opéra.

CLÉANTE. — J'ai cru vous divertir.

ARGAN. — Les sottises ne divertissent point. **(21)** Ah! voici
ma femme. **(22)**

Scène VI. — BÉLINE, ARGAN, TOINETTE, ANGÉLIQUE, MONSIEUR DIAFOIRUS, THOMAS DIAFOIRUS.

ARGAN. — M'amour, voilà le fils de monsieur Diafoirus.

THOMAS DIAFOIRUS, *commence un compliment qu'il avait étudié, et la mémoire lui manquant, il ne peut continuer*. — Madame,
c'est avec justice que le ciel vous a concédé le nom de belle-
5 mère, puisque l'on voit sur votre visage...

─────── **QUESTIONS** ───────

21. Montrez comment Argan passe, au cours de cette partie de la
scène, de la satisfaction au doute et à la colère. Soupçonne-t-il la connivence entre le maître de musique et Angélique? Quelle précision apporte
cette scène sur la façon dont Argan prétend élever sa fille (voir acte II,
scène première, lignes 9-14)? — Argan s'emporte-t-il contre Cléante?
Comment faut-il comprendre le *Fort bien, je suis votre serviteur*. Appréciez la façon dont Cléante se tire d'affaire.

22. SUR L'ENSEMBLE DE LA SCÈNE V. — Montrez l'importance de cette
scène. Comment est-elle composée? Les trois moments de cette cérémonie
de famille, où se fait, selon le rite, une demande officielle en mariage.
   — Par quel moyen Molière rattrape-t-il la situation de la scène III,
qui semblait avoir tourné court? Pourquoi le duo d'amour entre Cléante
et Angélique prend-il encore plus de saveur en présence des Diafoirus?
   — Relevez les différents procédés comiques utilisés dans la scène.
   — Monsieur Diafoirus : est-il seulement le symbole d'une conception
rétrograde de la médecine? Cherchez les traits propres de son caractère
qui expliquent pourquoi il s'attache obstinément à certaines traditions.
   — Thomas Diafoirus : qu'a-t-il hérité de son père? Peut-on imaginer
ce qu'il sera, quand il aura à son tour obtenu son doctorat? D'où vient
le grotesque du personnage? Manque-t-il toutefois de vérité humaine?

BÉLINE. — Monsieur, je suis ravie d'être venue ici à propos pour avoir l'honneur de vous voir.

THOMAS DIAFOIRUS. — Puisque l'on voit sur votre visage... puisque l'on voit sur votre visage... Madame, vous m'avez
10 interrompu dans le milieu de ma période, et cela m'a troublé la mémoire.

MONSIEUR DIAFOIRUS. — Thomas, réservez cela pour une autre fois. **(23)**

ARGAN. — Je voudrais, mamie, que vous eussiez été ici
15 tantôt.

TOINETTE. — Ah! madame, vous avez bien perdu de n'avoir point été au second père, à la statue de Memnon et à la fleur nommée héliotrope. **(24)**

ARGAN. — Allons, ma fille, touchez dans la main de mon-
20 sieur[1] et lui donnez votre foi comme à votre mari.

ANGÉLIQUE. — Mon père!

ARGAN. — Hé bien, mon père! qu'est-ce que cela veut dire?

ANGÉLIQUE. — De grâce, ne précipitez pas les choses. Donnez-nous au moins le temps de nous connaître et de voir naître
25 en nous l'un pour l'autre cette inclination si nécessaire à composer une union parfaite.

THOMAS DIAFOIRUS. — Quant à moi, mademoiselle, elle est déjà toute née en moi, et je n'ai pas besoin d'attendre davantage.

30 ANGÉLIQUE. — Si vous êtes si prompt, monsieur, il n'en est pas de même de moi, et je vous avoue que votre mérite n'a pas encore fait assez d'impression dans mon âme.

---

1. En signe d'alliance.

——— QUESTIONS ———

23. Pourquoi Béline s'est-elle fait si longtemps attendre (voir acte II, scène II, ligne 50)? Montrez l'habileté de Molière à distribuer, depuis le début de l'acte, l'entrée de ses personnages. — Le nouvel effet comique provoqué par Thomas Diafoirus est-il très original? Serait-il plus comique d'entendre jusqu'au bout son troisième compliment?

24. Qu'est-ce qu'a retenu Toinette des propos de Thomas Diafoirus?

ARGAN. — Oh! bien, bien; cela aura tout le loisir de se faire quand vous serez mariés ensemble.

35 ANGÉLIQUE. — Hé! mon père, donnez-moi du temps, je vous prie. Le mariage est une chaîne où l'on ne doit jamais soumettre un cœur par force; et, si monsieur est honnête homme, il ne doit point vouloir accepter une personne qui serait à lui par contrainte.

40 THOMAS DIAFOIRUS. — *Nego consequentiam*[1], mademoiselle, et je puis être honnête homme et vouloir bien vous accepter des mains de monsieur votre père.

ANGÉLIQUE. — C'est un méchant[2] moyen de se faire aimer de quelqu'un que de lui faire violence.

45 THOMAS DIAFOIRUS. — Nous lisons des anciens, mademoiselle, que leur coutume était d'enlever par force de la maison des pères les filles qu'on menait marier, afin qu'il ne semblât pas que ce fût de leur consentement qu'elles convolaient dans les bras d'un homme.

50 ANGÉLIQUE. — Les anciens, monsieur, sont les anciens, et nous sommes les gens de maintenant. Les grimaces ne sont point nécessaires dans notre siècle, et, quand un mariage nous plaît, nous savons fort bien y aller sans qu'on nous y traîne. Donnez-vous patience; si vous m'aimez, monsieur, 55 vous devez vouloir tout ce que je veux.

THOMAS DIAFOIRUS. — Oui, mademoiselle, jusqu'aux intérêts de mon amour exclusivement.

ANGÉLIQUE. — Mais la grande marque d'amour, c'est d'être soumis aux volontés de celle qu'on aime.

60 THOMAS DIAFOIRUS. — *Distinguo*, mademoiselle : dans ce qui

---

1. *Je nie la conséquence :* terme de logique usuel dans les discussions d'école (notamment lors des soutenances de thèse, qui sont surtout des exercices de dialectique), de même les termes suivants. Thomas est le contraire de l' « honnête homme ». Au lieu d'adapter ses idées et son langage aux circonstances, il ne connaît que les formules de pédant dont sa mémoire est chargée; 2. *Méchant :* moralement mauvais et inopportun.

ne regarde point sa possession, *concedo ;* mais dans ce qui la regarde, *nego*[1]. **(25)**

TOINETTE. — Vous avez beau raisonner. Monsieur est frais émoulu du collège, et il vous donnera toujours votre reste.
65 Pourquoi tant résister et refuser la gloire d'être attachée au corps de la Faculté?

BÉLINE. — Elle a peut-être quelque inclination en tête.

ANGÉLIQUE. — Si j'en avais, madame, elle serait telle que la raison et l'honnêteté pourraient me la permettre.

70 ARGAN. — Ouais! je joue ici un plaisant personnage.

BÉLINE. — Si j'étais que de vous, mon fils, je ne la forcerais point à se marier, et je sais bien ce que je ferais.

ANGÉLIQUE. — Je sais, madame, ce que vous voulez dire, et les bontés que vous avez pour moi; mais peut-être que vos
75 conseils ne seront pas assez heureux pour être exécutés.

BÉLINE. — C'est que les filles bien sages et bien honnêtes comme vous se moquent d'être obéissantes et soumises aux volontés de leurs pères. Cela était bon autrefois.

ANGÉLIQUE. — Le devoir d'une fille a des bornes, madame,
80 et la raison et les lois ne l'étendent point à toutes sortes de choses.

BÉLINE. — C'est-à-dire que vos pensées ne sont que pour le mariage; mais vous voulez choisir un époux à votre fantaisie.

ANGÉLIQUE. — Si mon père ne veut pas me donner un mari
85 qui me plaise, je le conjurerai au moins de ne me point forcer à en épouser un que je ne puisse aimer.

---

1. *Distinguo, concedo, nego :* « Je distingue, j'accorde, je nie. »

QUESTIONS

---

25. Pourquoi Angélique, sans poursuivre la discussion avec son père, se tourne-t-elle vers Thomas Diafoirus? — Le mariage tel que le définit Angélique : dans quelle mesure adapte-t-elle sa définition à son interlocuteur? Que reste-t-il cependant de romanesque dans sa conception de l'amour conjugal? — Thomas Diafoirus est-il aussi niais qu'il le paraissait jusqu'ici? Comment utilise-t-il ses qualités de raisonneur, tant vantées par son père? — L'emploi des citations latines et les références à l'Antiquité sont-ils ici pur pédantisme? Dans quelle intention Thomas Diafoirus joue-t-il ainsi avec l'argumentation d'école? Quels motifs peuvent expliquer son attitude, alors qu'au début de la scène précédente il ne distinguait même pas Angélique de Béline? Comparez ce dialogue avec la scène entre Henriette et Trissotin (*les Femmes savantes*, acte V, scène première).

ARGAN. — Messieurs, je vous demande pardon de tout ceci.

ANGÉLIQUE. — Chacun a son but en se mariant. Pour moi,
qui ne veux un mari que pour l'aimer véritablement, et qui
90 prétends en faire tout l'attachement de ma vie, je vous avoue
que j'y cherche quelque précaution. Il y en a d'autres qui
prennent des maris seulement pour se tirer de la contrainte
de leurs parents et se mettre en état de faire tout ce qu'elles
voudront. Il y en a d'autres, madame, qui font du mariage un
95 commerce de pur intérêt; qui ne se marient que pour gagner
des douaires[1], que pour s'enrichir par la mort de ceux qu'elles
épousent, et courent sans scrupule de mari en mari pour s'appro-
prier leurs dépouilles. Ces personnes-là, à la vérité, n'y cherchent
pas tant de façons et regardent peu à la personne.

100 BÉLINE. — Je vous trouve aujourd'hui bien raisonnante, et
je voudrais bien savoir ce que vous voulez dire par là.

ANGÉLIQUE. — Moi, madame, que voudrais-je dire que ce
que je dis?

BÉLINE. — Vous êtes si sotte, ma mie[2], qu'on ne saurait
105 plus vous souffrir.

ANGÉLIQUE. — Vous voudriez bien, madame, m'obliger à
vous répondre quelque impertinence, mais je vous avertis que
vous n'aurez pas cet avantage.

BÉLINE. — Il n'est rien d'égal à votre insolence.

110 ANGÉLIQUE. — Non, madame, vous avez beau dire.

BÉLINE. — Et vous avez un ridicule orgueil, une impertinente présomption qui fait hausser les épaules à tout le monde.

ANGÉLIQUE. — Tout cela, madame, ne servira de rien, je
serai sage en dépit de vous; et, pour vous ôter l'espérance de
115 pouvoir réussir dans ce que vous voulez, je vais m'ôter de
votre vue. (26)

---

1. *Douaires :* biens qui, à la mort du mari, reviennent à l'épouse pour son entretien;
2. Ce terme d'affection s'emploie aussi en mauvaise part.

──────── QUESTIONS ────────

26. Comment naît cette querelle entre les deux femmes? Croyait-on
Angélique capable de tant de hardiesse et de fermeté? Alors que Béline
tente de faire pression sur Argan, Angélique a-t-elle beaucoup d'espoir
de convaincre son père? Pourquoi ne précise-t-elle pas ses allusions
contre Béline? Quel piège évite-t-elle? Qui, finalement, est la plus forte
dans ce débat? — Étudiez la tirade d'Angélique (lignes 88-99) : sa composition, son habileté, sa violence. Angélique est-elle la seule dans le théâtre
de Molière à défendre de telles idées sur le mariage?

ARGAN. — Écoute, il n'y a point de milieu à cela. Choisis d'épouser dans quatre jours[1] ou monsieur ou un couvent. *(A Béline.)* Ne vous mettez pas en peine, je la rangerai bien[2].

120 BÉLINE. — Je suis fâchée de vous quitter, mon fils; mais j'ai une affaire en ville dont je ne puis me dispenser. Je reviendrai bientôt.

ARGAN. — Allez, m'amour, et passez chez votre notaire, afin qu'il expédie ce que vous savez[3].

125 BÉLINE. — Adieu, mon petit ami.

ARGAN. — Adieu, mamie. Voilà une femme qui m'aime... cela n'est pas croyable.

MONSIEUR DIAFOIRUS. — Nous allons, monsieur, prendre congé de vous.

130 ARGAN. — Je vous prie, monsieur, de me dire un peu comment je suis. **(27)**

MONSIEUR DIAFOIRUS, *lui tâte le pouls.* — Allons, Thomas, prenez l'autre bras de monsieur, pour voir si vous saurez porter un bon jugement de son pouls. *Quid dicis[4]?*

135 THOMAS DIAFOIRUS. — *Dico* que le pouls de monsieur est le pouls d'un homme qui ne se porte point bien.

MONSIEUR DIAFOIRUS. — Bon.

THOMAS DIAFOIRUS. — Qu'il est duriuscule[5], pour ne pas dire dur.

140 MONSIEUR DIAFOIRUS. — Fort bien.

THOMAS DIAFOIRUS. — Repoussant[6].

MONSIEUR DIAFOIRUS. — *Bene.*

THOMAS DIAFOIRUS. — Et même un peu caprisant[7].

---

1. C'est-à-dire au lendemain du jour où Thomas sera reçu médecin; 2. *Ranger :* ici : soumettre; 3. Voir acte premier, scène VII; 4. *Quid dicis? Dico :* « Que dis-tu? Je dis »; 5. *Duriuscule :* un peu dur; diminutif pédant forgé avec suffixe latin; 6. *Repoussant :* qui repousse le doigt (sens concret); 7. *Caprisant :* terme de médecine : aux mouvements irréguliers, capricieux comme le saut d'une chèvre.

--- **QUESTIONS** ---

27. Quelle a été l'attitude d'Argan pendant ces deux dialogues Angélique-Thomas et Angélique-Béline? Relevez ses différentes interventions, en expliquant les sentiments qu'elles révèlent. Peut-on deviner le double souci qui le détermine à demander l'avis médical des Diafoirus avant leur départ?

MONSIEUR DIAFOIRUS. — *Optime*.

145 THOMAS DIAFOIRUS. — Ce qui marque une intempérie[1] dans le parenchyme splénique[2], c'est-à-dire la rate.

MONSIEUR DIAFOIRUS. — Fort bien.

ARGAN. — Non; monsieur Purgon dit que c'est mon foie qui est malade*.

150 MONSIEUR DIAFOIRUS. — Eh! oui; qui dit parenchyme dit l'un et l'autre, à cause de l'étroite sympathie qu'ils ont ensemble, par le moyen du *bas breve*[3], du *pylore*[4], et souvent des *méats cholidoques*[5]. Il vous ordonne* sans doute de manger force rôti.

ARGAN. — Non, rien que du bouilli.

155 MONSIEUR DIAFOIRUS. — Eh! oui; rôti, bouilli, même chose. Il vous ordonne* fort prudemment, et vous ne pouvez être en de meilleures mains.

ARGAN. — Monsieur, combien est-ce qu'il faut mettre de grains de sel dans un œuf?

160 MONSIEUR DIAFOIRUS. — Six, huit, dix, par les nombres pairs, comme dans les médicaments* par les nombres impairs[6]. (28)

ARGAN. — Jusqu'au revoir, monsieur. (29)

SCÈNE VII. — BÉLINE, ARGAN.

BÉLINE. — Je viens, mon fils, avant de sortir, vous donner

---

1. *Intempérie* : absence d'équilibre; 2. *Parenchyme* : « Tissu propre aux viscères et particulièrement aux organes glanduleux » (Littré); 3. Vaisseau court, au fond de l'estomac; 4. Orifice inférieur de l'estomac par où les aliments passent dans l'intestin; 5. *Méats* : conduits. *Cholidoques* : qui amènent la bile; 6. Cela n'est pas une exagération. Voir Montaigne : « Je laisse à part le nombre impair de leurs pilules, la destination de certains jours de fêtes de l'année... » (II, 37).

─────── QUESTIONS ───────

28. La consultation : comment s'accumulent ici les effets comiques? Énumérez-les. Pourquoi M. Diafoirus ne saurait-il contredire M. Purgon? D'où vient qu'Argan n'est nullement troublé par la différence de diagnostic des deux médecins?

29. SUR L'ENSEMBLE DE LA SCÈNE VI. — Indiquez les différents moments de cette scène et étudiez leur enchaînement; montrez qu'elle est également le complément nécessaire de la scène V. Comment Molière évite-t-il de laisser le spectateur sur une impression désagréable?
— Étudiez l'attitude d'Angélique : *a)* face à son père; *b)* face à Thomas; *c)* face à Béline.

avis d'une chose à laquelle il faut que vous preniez garde. En passant par devant la chambre d'Angélique[1], j'ai vu un jeune homme avec elle, qui s'est sauvé d'abord qu'il m'a vue.

5 ARGAN. — Un jeune homme avec ma fille!

BÉLINE. — Oui. Votre petite fille Louison était avec eux, qui pourra vous en dire des nouvelles.

ARGAN. — Envoyez-la ici, m'amour, envoyez-la ici. Ah! l'effrontée! Je ne m'étonne plus de sa résistance. **(30)**

Scène VIII. — LOUISON, ARGAN.

LOUISON. — Qu'est-ce que vous voulez, mon papa? Ma belle-maman m'a dit que vous me demandez.

ARGAN. — Oui. Venez çà. Avancez là. Tournez-vous. Levez les yeux. Regardez-moi. Eh!

5 LOUISON. — Quoi, mon papa?

ARGAN. — Là?

LOUISON. — Quoi?

ARGAN. — N'avez-vous rien à me dire?

LOUISON. — Je vous dirai, si vous voulez, pour vous désen-
10 nuyer, le conte de *Peau d'âne*[2] ou bien la fable du *Corbeau et du Renard*[3], qu'on m'a appris depuis peu.

ARGAN. — Ce n'est pas là ce que je vous demande.

LOUISON. — Quoi donc?

ARGAN. — Ah! rusée, vous savez bien ce que je veux dire.

15 LOUISON. — Pardonnez-moi, mon papa.

---

1. On se souvient qu'à la fin de la scène v Cléante est sorti, chassé par Argan, avant l'entrée de Béline. Donc celle-ci ne le connaît pas; **2.** Il ne s'agit pas de la version de Perrault publiée en 1694, mais sans doute de la tradition orale utilisée par celui-ci. Voir La Fontaine (1678) : « Si *Peau d'âne* m'était conté. — J'y prendrais un plaisir extrême » (VIII, iv); **3.** Deuxième fable du *Livre I* publié en 1668; c'est un hommage de Molière au fabuliste, et l'attestation officielle du succès des *Fables*, dès leur publication.

QUESTIONS

30. SUR LA SCÈNE VII. — Que penser de cette intervention de Béline? Cherchez dans la scène VI une indication qui la rend vraisemblable. — Quel est le plan de Béline? Peut-elle s'accommoder du mariage d'Angélique, que ce soit avec Thomas ou avec Cléante? Pourquoi tient-elle plus que jamais à prendre sa revanche sur Angélique?
— Argan reste seul un instant. Quel sentiment se révèle alors?

ARGAN. — Est-ce là comme vous m'obéissez?

LOUISON. — Quoi?

ARGAN. — Ne vous ai-je pas recommandé de me venir dire d'abord tout ce que vous voyez? (31)

20 LOUISON. — Oui, mon papa.

ARGAN. — L'avez-vous fait?

LOUISON. — Oui, mon papa. Je vous suis venue dire tout ce que j'ai vu.

ARGAN. — Et n'avez-vous rien vu aujourd'hui?

25 LOUISON. — Non, mon papa.

ARGAN. — Non?

LOUISON. — Non, mon papa.

ARGAN. — Assurément?

LOUISON. — Assurément.

30 ARGAN. — Oh! çà, je m'en vais vous faire voir quelque chose, moi.

(Il va prendre une poignée de verges.)

LOUISON. — Ah! mon papa!

ARGAN. — Ah! ah! petite masque[1], vous ne me dites pas que vous avez vu un homme dans la chambre de votre sœur?

35 LOUISON. — Mon papa!

ARGAN. — Voici qui vous apprendra à mentir.

LOUISON, *se jette à genoux*. — Ah! mon papa, je vous demande pardon. C'est que ma sœur m'avait dit de ne pas vous le dire, et je m'en vais vous dire tout.

40 ARGAN. — Il faut premièrement que vous ayez le fouet pour avoir menti. Puis, après nous verrons au reste.

---

1. *Masque* (au féminin), du bas latin *masca*, « sorcière », d'où injure familière pour reprocher à une femme sa fourberie, sa malice.

──────── QUESTIONS ────────

31. La bonhomie paternelle d'Argan ne se mêle-t-elle pas d'une curieuse méfiance? La dernière question d'Argan *(Ne vous ai-je pas demandé...)* ne donne-t-elle pas quelque inquiétude sur la façon dont Argan dresse Louison à surveiller Angélique et peut-être toute la maison? — Comment expliquer cet esprit soupçonneux? Est-ce lié à la psychologie du malade imaginaire? Est-ce la défiance masculine à l'égard de la duplicité féminine? Comparez, de ce point de vue, Argan (ligne 18) à Arnolphe (*l'École des femmes*, vers 675-677).

LOUISON. — Pardon, mon papa.

ARGAN. — Non, non.

LOUISON. — Mon pauvre papa, ne me donnez pas le fouet.

45 ARGAN. — Vous l'aurez.

LOUISON. — Au nom de Dieu, mon papa, que je ne l'aie pas.

ARGAN, *la prenant pour la fouetter.* — Allons, allons. (32)

LOUISON. — Ah! mon papa, vous m'avez blessée. Attendez, je suis morte.

(Elle contrefait la morte.)

50 ARGAN. — Holà! Qu'est-ce là? Louison, Louison! Ah! mon Dieu! Louison! Ah! ma fille! Ah! malheureux, ma pauvre fille est morte. Qu'ai-je fait, misérable? Ah! chiennes de verges! La peste soit des verges! Ah! ma pauvre fille, ma pauvre petite Louison.

55 LOUISON. — Là, là, mon papa, ne pleurez point tant; je ne suis pas morte tout à fait.

ARGAN. — Voyez-vous la petite rusée! Oh! çà, çà, je vous pardonne pour cette fois-ci, pourvu que vous me disiez bien tout.

LOUISON. — Oh! oui, mon papa. (33)

60 ARGAN. — Prenez-y bien garde au moins, car voilà un petit doigt, qui sait tout, qui me dira si vous mentez.

LOUISON. — Mais, mon papa, ne dites pas à ma sœur que je vous l'ai dit.

ARGAN. — Non, non.

65 LOUISON. — C'est, mon papa, qu'il est venu un homme dans la chambre de ma sœur comme j'y étais.

ARGAN. — Hé bien?

LOUISON. — Je lui ai demandé ce qu'il demandait, et il m'a dit qu'il était son maître à chanter.

—— QUESTIONS ——

32. La psychologie enfantine telle que l'a observée Molière : comment s'explique l'entêtement avec lequel Louison nie l'évidence? Quelle importance revêt pour l'enfant la promesse faite à sa grande sœur? Jusqu'où va le respect de la parole donnée à Angélique? — Quels sont les tons différents sur lesquels Louison prononce : *mon papa*, suivant les répliques et en particulier : *mon pauvre papa* (ligne 44)?

33. Argan croit-il réellement avoir fait mal à Louison? Ou entre-t-il dans le jeu pour mieux ensuite faire la leçon à la petite fille?

70   ARGAN. — Hom hom! Voilà l'affaire. Hé bien?

    LOUISON. — Ma sœur est venue après.

    ARGAN. — Hé bien?

    LOUISON. — Elle lui a dit : « Sortez, sortez, sortez! Mon Dieu, sortez, vous me mettez au désespoir. »

75   ARGAN. — Hé bien?

    LOUISON. — Et lui, il ne voulait pas sortir.

    ARGAN. — Qu'est-ce qu'il lui disait?

    LOUISON. — Il lui disait je ne sais combien de choses.

    ARGAN. — Et quoi encore?

80   LOUISON. — Il lui disait tout ci, tout çà, qu'il l'aimait bien, et qu'elle était la plus belle du monde.

    ARGAN. — Et puis après?

    LOUISON. — Et puis après il se mettait à genoux devant elle.

85   ARGAN. — Et puis après?

    LOUISON. — Et puis après, il lui baisait les mains.

    ARGAN. — Et puis après?

    LOUISON. — Et puis après, ma belle-maman est venue à la porte, et il s'est enfui.

    ARGAN. — Il n'y a point autre chose?

90   LOUISON. — Non, mon papa.

    ARGAN. — Voilà mon petit doigt pourtant qui gronde quelque chose. *(Il met son doigt à son oreille.)* Attendez. Eh! Ah! ah! Oui? Oh! oh! voilà mon petit doigt qui me dit quelque chose que vous avez vu, et que vous ne m'avez pas dit.

95   LOUISON. — Ah! mon papa, votre petit doigt est un menteur.

    ARGAN. — Prenez garde.

    LOUISON. — Non, mon papa, ne le croyez pas; il ment, je vous assure. (34)

─────── **QUESTIONS** ───────

34. Qu'y a-t-il de comique et de gênant à la fois dans cet interrogatoire? Quelle ressemblance avec l'interrogatoire d'Agnès par Arnolphe (*l'École des femmes*, acte II, scène v), mais quelle différence de situations? Qu'est-ce qui peut donner l'assurance que Louison dit maintenant la vérité?

ARGAN. — Oh bien, bien, nous verrons cela. Allez-vous-en,
100 et prenez bien garde à tout; allez. Ah! il n'y a plus d'enfants.
Ah! que d'affaires! je n'ai pas seulement le loisir de songer
à ma maladie*. En vérité, je n'en puis plus. **(35)**

(Il se remet dans sa chaise.)

Scène IX. — BÉRALDE, ARGAN.

BÉRALDE. — Hé bien, mon frère, qu'est-ce? Comment vous
portez-vous?

ARGAN. — Ah! mon frère, fort mal.

BÉRALDE. — Comment, fort mal?

5 ARGAN. — Oui, je suis dans une faiblesse* si grande que
cela n'est pas croyable.

BÉRALDE. — Voilà qui est fâcheux.

ARGAN. — Je n'ai pas seulement la force de pouvoir parler.

BÉRALDE. — J'étais venu ici, mon frère, vous proposer un
10 parti pour ma nièce Angélique.

ARGAN, *parlant avec emportement et se levant de sa chaise.*
— Mon frère, ne me parlez point de cette coquine-là. C'est
une friponne, une impertinente, une effrontée, que je mettrai
dans un couvent avant qu'il soit deux jours.

─────── **QUESTIONS** ───────

35. Sur l'ensemble de la scène VIII. — Est-il fréquent de trouver,
dans le théâtre classique, des rôles d'enfant? Quelles convenances s'y
opposent sur le plan moral et sur le plan littéraire?
— En vous inspirant du jugement de Goethe, montrez les différents
moments de cette scène; comment Molière réussit-il à rendre vivante
une scène qui aurait pu être sèche et déplaisante?
— La malice naïve de Louison : montrez que Molière révèle en elle
les germes de ce mélange d'ingénuité et de rouerie qui fait d'Agnès et
d'autres jeunes filles de son théâtre des personnages à la fois attirants
et inquiétants.
— Étudiez le langage de Louison : Molière sait-il en rendre la gentil-
lesse et la simplicité sans tomber dans le ridicule? Quelle difficulté
réussit-il à résoudre ici?
— L'attitude d'Argan à l'égard de Louison : quel sentiment peut-il
avoir pour cette enfant beaucoup plus jeune qu'Angélique? Lui applique-
t-il les mêmes méthodes de sévérité? Comment se fait-il qu'Argan utilise
Louison à moucharder Angélique? Malgré cette erreur, qui pourrait
avoir de graves conséquences sur la franchise de Louison, Argan devient-il
à nos yeux un père odieux?

15   BÉRALDE. — Ah! voilà qui est bien. Je suis bien aise que la
force vous revienne un peu et que ma visite vous fasse du bien.
Oh çà, nous parlerons d'affaires tantôt. Je vous amène ici un
divertissement que j'ai rencontré, qui dissipera votre chagrin
et vous rendra l'âme mieux disposée aux choses que nous
20 avons à dire. Ce sont des Égyptiens vêtus en Mores qui font
des danses mêlées de chansons où je suis sûr que vous prendrez
plaisir, et cela vaudra bien une ordonnance* de monsieur
Purgon. Allons. (36) (37)

DEUXIÈME INTERMÈDE

Le frère du Malade imaginaire lui amène, pour le divertir, plusieurs
Égyptiens et Égyptiennes vêtus en Mores, qui font des danses entre-
mêlées de chansons.

PREMIÈRE FEMME MORE

Profitez du printemps
De vos beaux ans,
Aimable jeunesse;
Profitez du printemps
5   De vos beaux ans,
Donnez-vous à la tendresse.

Les plaisirs les plus charmants,
Sans l'amoureuse flamme,
Pour contenter une âme
10   N'ont point d'attraits assez puissants.

--- QUESTIONS ---

36. SUR LA SCÈNE IX. — Avait-on déjà entendu parler de Béralde?
Montrez qu'il essaie de se conduire habilement avec son frère : y
réussit-il? Le moment est-il bien choisi pour tenter une démarche en
faveur de Cléante? — Comment se justifie l'entrée du ballet qui va suivre?

37. SUR L'ENSEMBLE DE L'ACTE II. — La conduite de l'action. Comment
a évolué au cours de cet acte le problème du mariage d'Angélique?
Énumérez les principaux incidents qui viennent contrecarrer les chances
de Thomas Diafoirus aussi bien que celles de Cléante? A quelle solution
Argan semble-t-il s'arrêter (scène IX, ligne 144)? Qui est en train de
triompher?

    — Le caractère d'Argan : maître de maison, père de famille, mari.
N'a-t-il que des défauts? A-t-il eu, au cours de cet acte, beaucoup le
temps de s'occuper de sa maladie? A quels moments son obsession
reprend-elle le dessus?

Profitez du printemps
De vos beaux ans,
Aimable jeunesse;
Profitez du printemps
15   De vos beaux ans,
Donnez-vous à la tendresse.

Ne perdez point ces précieux moments;
La beauté passe,
Le temps l'efface,
20   L'âge de glace
Vient à sa place,
Qui nous ôte le goût de ces doux passe-temps.

Profitez du printemps
De vos beaux ans,
25   Aimable jeunesse;
Profitez du printemps
De vos beaux ans,
Donnez-vous à la tendresse.

SECONDE FEMME MORE

Quand d'aimer on nous presse,
30   A quoi songez-vous?
Nos cœurs dans la jeunesse
N'ont vers la tendresse
Qu'un penchant trop doux.
L'amour a, pour nous prendre,
35   De si doux attraits
Que de soi, sans attendre,
On voudrait se rendre
A ses premiers traits;
Mais tout ce qu'on écoute
40   Des vives douleurs
Et des pleurs qu'il nous coûte
Fait qu'on en redoute
Toutes les douceurs.

TROISIÈME FEMME MORE

Il est doux, à notre âge,
45   D'aimer tendrement
Un amant
Qui s'engage;
Mais, s'il est volage,
Hélas! quel tourment!

QUATRIÈME FEMME MORE

50   L'amant qui se dégage
            N'est pas le malheur;
            La douleur
            Et la rage,
            C'est que le volage
55   Garde notre cœur.

SECONDE FEMME MORE

        Quel parti faut-il prendre
            Pour nos jeunes cœurs?

QUATRIÈME FEMME MORE

        Devons-nous nous y rendre
            Malgré ses rigueurs?

ENSEMBLE

60   Oui, suivons ses ardeurs,
            Ses transports, ses caprices,
            Ses douces langueurs;
            S'il a quelques supplices,
            Il a cent délices
65   Qui charment les cœurs. **(38)**

ENTRÉE DE BALLET

Tous les Mores dansent ensemble et font sauter des singes qu'ils ont amenés avec eux.

ACTE III

SCÈNE PREMIÈRE. — BÉRALDE, ARGAN, TOINETTE.

BÉRALDE. — Hé bien! mon frère, qu'en dites-vous? Cela ne vaut-il pas une prise de casse¹?

---

1. *Casse*, voir page 34, note 9.

--- **QUESTIONS** ---

38. SUR L'INTERMÈDE. — Cet intermède est encore souvent supprimé : êtes-vous pour ou contre cette suppression?
    — Pourquoi Molière a-t-il situé ce divertissement ici plutôt qu'ailleurs? La scène entre Béralde et Argan est-elle annoncée et interrompue simplement pour introduire l'intermède?

LE MALADE IMAGINAIRE AU THÉÂTRE DU PALAIS ROYAL (1962)

Argan (Edy Rasimi) et Toinette (Anna Gaylor) [acte III, scène VIII].

TOINETTE. — Hom! de bonne casse est bonne.

BÉRALDE. — Oh çà, voulez-vous que nous parlions un peu
5 ensemble?

ARGAN. — Un peu de patience, mon frère, je vais revenir. (1)

TOINETTE. — Tenez, monsieur, vous ne songez pas que vous
ne sauriez marcher sans bâton.

ARGAN. — Tu as raison.

Scène II. — BÉRALDE, TOINETTE.

TOINETTE. — N'abandonnez pas, s'il vous plaît, les intérêts
de votre nièce.

BÉRALDE. — J'emploierai toutes choses pour lui obtenir ce
qu'elle souhaite.

5 TOINETTE. — Il faut absolument empêcher ce mariage extra-
vagant qu'il s'est mis dans la fantaisie, et j'avais songé en
moi-même que ç'aurait été une bonne affaire de pouvoir introduire ici un médecin* à notre poste[1] pour le dégoûter de
son monsieur Purgon et lui décrier sa conduite. Mais, comme
10 nous n'avons personne en main pour cela, j'ai résolu de jouer
un tour de ma tête.

BÉRALDE. — Comment?

TOINETTE. — C'est une imagination burlesque. Cela sera
peut-être plus heureux que sage. Laissez-moi faire; agissez
15 de votre côté. Voici notre homme. (2)

Scène III. — ARGAN, BÉRALDE.

BÉRALDE. — Vous voulez bien, mon frère, que je vous
demande, avant toute chose, de ne vous point échauffer l'esprit dans notre conversation.

---

1. *A notre poste :* disposé à nous servir.

─────── **QUESTIONS** ───────

1. Que pensez-vous de la répétition de ce jeu de scène (voir acte premier, scène III)? Ne pourriez-vous le comparer encore à certaines situations de *l'Avare?*

2. SUR LA SCÈNE II. — Étudiez la préparation de la supercherie de
Toinette, et les précautions de Molière pour en atténuer l'invraisemblance.
Pourquoi ne pas laisser au spectateur une partie de la surprise?

ARGAN. — Voilà qui est fait.

BÉRALDE. — De répondre sans nulle aigreur aux choses que
5 je pourrai vous dire.

ARGAN. — Oui.

BÉRALDE. — Et de raisonner ensemble, sur les affaires dont
nous avons à parler, avec un esprit détaché de toute passion.

10 ARGAN. — Mon Dieu, oui. Voilà bien du préambule. (3)

BÉRALDE. — D'où vient, mon frère, qu'ayant le bien que
vous avez, et n'ayant d'enfants qu'une fille, car je ne compte
pas la petite, d'où vient, dis-je, que vous parlez de la mettre
dans un couvent?

15 ARGAN. — D'où vient, mon frère, que je suis maître dans ma
famille pour faire ce que bon me semble?

BÉRALDE. — Votre femme ne manque pas de vous conseiller
de vous défaire ainsi de vos deux filles, et je ne doute point
que, par un esprit de charité, elle ne fût ravie de les voir toutes
20 deux bonnes religieuses.

ARGAN. — Oh çà, 'nous y voici. Voilà d'abord la pauvre
femme en jeu[1]. C'est elle qui fait tout le mal, et tout le monde
lui en veut.

BÉRALDE. — Non, mon frère; laissons-la là : c'est une
25 femme qui a les meilleures intentions du monde pour votre
famille, et qui est détachée de toute sorte d'intérêt; qui a
pour vous une tendresse merveilleuse, et qui montre pour
vos enfants une affection et une bonté qui n'est pas conce-
vable; cela est certain. N'en parlons point, et revenons à votre
30 fille. Sur quelle pensée, mon frère, la voulez-vous donner en
mariage au fils d'un médecin*? (4)

ARGAN. — Sur la pensée, mon frère, de me donner un gendre
tel qu'il me faut.

---

1. Compromise dans cette affaire.

─── **QUESTIONS** ───

3. Argan est déjà impatienté : l'attitude de Béralde est-elle très habile?
Comparez ces précautions de Béralde à celles de Toinette (acte premier,
scène v, ligne 75) : quel trait de caractère d'Argan justifie ces
« préambules »?

4. Ce second reproche ne contredit-il pas le premier *(la mettre dans
un couvent)?* Dans ce cas, n'y a-t-il pas nouvelle maladresse de Béralde?
Quelles concessions doit faire Béralde pour ne pas heurter les sentiments
de son frère?

BÉRALDE. — Ce n'est point là, mon frère, le fait de votre
35 fille, et il se présente un parti plus sortable[1] pour elle.

ARGAN. — Oui; mais celui-ci, mon frère, est plus sortable
pour moi.

BÉRALDE. — Mais le mari qu'elle doit prendre doit-il être,
mon frère, ou pour elle, ou pour vous?

40 ARGAN. — Il doit être, mon frère, et pour elle et pour moi,
et je veux mettre dans ma famille les gens dont j'ai besoin.

BÉRALDE. — Par cette raison-là, si votre petite était grande,
vous lui donneriez en mariage un apothicaire*.

ARGAN. — Pourquoi non? (5)

45 BÉRALDL. — Est-il possible que vous serez toujours embéguiné[2] de vos apothicaires* et de vos médecins*, et que vous
vouliez être malade* en dépit des gens et de la nature[3]?

ARGAN. — Comment l'entendez-vous, mon frère?

BÉRALDE. — J'entends, mon frère, que je ne vois point
50 d'homme qui soit moins malade* que vous, et que je ne
demanderais point une meilleure constitution que la vôtre.
Une grande marque que vous vous portez bien, et que vous
avez un corps parfaitement bien composé, c'est qu'avec tous
les soins que vous avez pris, vous n'avez pu parvenir encore
55 à gâter la bonté de votre tempérament[4], et que vous n'êtes
point crevé[5] de toutes les médecines* qu'on vous a fait prendre.

ARGAN. — Mais savez-vous, mon frère, que c'est cela qui
me conserve, et que monsieur Purgon dit que je succomberais
s'il était seulement trois jours sans prendre soin de moi?

60 BÉRALDE. — Si vous n'y prenez garde, il prendra tant de
soin qu'il vous enverra en l'autre monde. (6)

---

1. *Sortable* : mieux assorti; 2. *Embéguiné* : même sens que « coiffé, engoué »;
3. Remarquer dans cette phrase les modes différents des deux propositions subor-
données. Le subjonctif dans la première ne pourrait exprimer l'idée d'avenir; 4. *Tempérament*, voir page 79, note 2); 5. *Crever* n'a nullement, au XVIIe siècle, le sens
trivial qu'il a pris de nos jours.

──────── **QUESTIONS** ────────

5. L'égoïsme d'Argan : comparez ce passage avec la scène v de l'acte
premier, ligne 79 : Béralde a-t-il plus de chances de convaincre Argan
que Toinette?

6. La troisième maladresse de Béralde : pourquoi est-elle encore plus
grave que les autres?

ARGAN. — Mais raisonnons un peu, mon frère. Vous ne croyez donc point à la médecine*?

BÉRALDE. — Non, mon frère, et je ne vois pas que pour son
65 salut il soit nécessaire d'y croire. (7)

ARGAN. — Quoi! vous ne tenez pas véritable une chose établie par tout le monde, et que tous les siècles ont révérée?

BÉRALDE. — Bien loin de la tenir véritable, je la trouve, entre nous, une des plus grandes folies qui soit parmi les
70 hommes, et, à regarder les choses en philosophe, je ne vois point de plus plaisante mômerie[1]; je ne vois rien de plus ridicule qu'un homme qui se veut mêler d'en guérir* un autre.

ARGAN. — Pourquoi ne voulez-vous pas, mon frère, qu'un homme en puisse guérir* un autre?

75 BÉRALDE. — Par la raison, mon frère, que les ressorts[2] de notre machine sont des mystères, jusques ici, où les hommes ne voient goutte, et que la nature nous a mis au-devant des yeux des voiles trop épais pour y connaître quelque chose. (8)

ARGAN. — Les médecins* ne savent donc rien, à votre compte?

80 BÉRALDE. — Si fait, mon frère. Ils savent la plupart de fort belles humanités, savent parler en beau latin, savent nommer en grec toutes les maladies*, les définir et les diviser; mais, pour ce qui est de les guérir*, c'est ce qu'ils ne savent point du tout.

85 ARGAN. — Mais toujours faut-il demeurer d'accord que sur cette matière les médecins* en savent plus que les autres.

BÉRALDE. — Ils savent, mon frère, ce que je vous ai dit, qui ne guérit* pas de grand-chose, et toute l'excellence de leur art consiste en un pompeux galimatias, en un spécieux
90 babil, qui vous donne des mots pour des raisons et des promesses pour des effets.

---

1. *Mômerie :* mascarade, farce divertissante; 2. *Ressorts :* mécanismes, systèmes.

─────── **QUESTIONS** ───────

7. Sur quel ton s'engage la discussion? Argan s'est-il mis en colère sur ce sujet qui lui tient pourtant tellement à cœur? D'où vient ce calme d'Argan, qui, pour une fois, accepte de « raisonner »?

8. Analysez tous les termes de cette réplique. Montrez qu'elle est une critique de principe de la médecine. Mais quelle importance faut-il attribuer à la réserve : *jusques ici?*

ARGAN. — Mais enfin, mon frère, il y a des gens aussi sages et aussi habiles que vous; et nous voyons que dans la maladie* tout le monde a recours aux médecins*.

95 BÉRALDE. — C'est une marque de la faiblesse humaine, et non pas de la vérité de leur art. (9)

ARGAN. — Mais il faut bien que les médecins* croient leur art véritable, puisqu'ils s'en servent pour eux-mêmes.

BÉRALDE. — C'est qu'il y en a parmi eux qui sont eux-
100 mêmes dans l'erreur populaire, dont ils profitent, et d'autres qui en profitent sans y être. Votre monsieur Purgon, par exemple, n'y sait point de finesse; c'est un homme tout méde-cin*, depuis la tête jusqu'aux pieds; un homme qui croit à ses règles plus qu'à toutes les démonstrations des mathé-
105 matiques, et qui croirait du crime à les vouloir examiner; qui ne voit rien d'obscur dans la médecine*, rien de douteux, rien de difficile, et qui, avec une impétuosité de prévention, une raideur de confiance, une brutalité de sens commun et de raison, donne au travers des purgations et des saignées,
110 et ne balance¹ aucune chose. Il ne lui faut point vouloir mal de tout ce qu'il pourra vous faire; c'est de la meilleure foi du monde qu'il vous expédiera², et il ne fera, en vous tuant, que ce qu'il fait à sa femme et à ses enfants, et ce qu'en un besoin³ il ferait à lui-même⁴.

115 ARGAN. — C'est que vous avez, mon frère, une dent de lait⁵ contre lui. Mais, enfin, venons au fait. Que faire donc quand on est malade*? (10)

BÉRALDE. — Rien, mon frère.

ARGAN. — Rien?

---

1. *Balancer :* examiner, peser; 2. *Expédier :* tuer; 3. Au besoin; 4. Souvenir possible d'un certain Guénault qui aurait tué « avec de l'antimoine, neveu, femme, fille et deux gendres »; 5. Vous le détestez, depuis l'enfance (*avoir une dent contre quelqu'un* signifie « détester »).

——— **QUESTIONS** ———

9. Comment se développe la discussion? Montrez que, le principe étant posé, les conclusions logiques en découlent. — Qui mène le débat? Montrez qu'Argan défend ici les vérités de « sens commun » considérées comme des évidences. — Sur quel plan se placent les arguments de Béralde? Montrez que sa critique des médecins ne leur dénie pas certaines qualités.

10. Le progrès dans le raisonnement de Béralde : qu'espère-t-il démon-trer en mettant en cause M. Purgon? — Analysez le portrait de M. Pur-gon : comparez-le à M. Diafoirus. Argan se laisse-t-il entraîner dans une polémique qui vise personnellement son médecin?

120 BÉRALDE. — Rien. Il ne faut que demeurer en repos. La nature, d'elle-même, quand nous la laissons faire, se tire doucement du désordre où elle est tombée. C'est notre inquiétude, c'est notre impatience qui gâte tout, et presque tous les hommes meurent de leurs remèdes*, et non pas de leurs 125 maladies*.

ARGAN. — Mais il faut demeurer d'accord, mon frère, qu'on peut aider cette nature par de certaines choses.

BÉRALDE. — Mon Dieu, mon frère, ce sont pures idées dont nous aimons à nous repaître, et de tout temps il s'est glissé 130 parmi les hommes de belles imaginations que nous venons à croire, parce qu'elles nous flattent, et qu'il serait à souhaiter qu'elles fussent véritables. Lorsqu'un médecin* vous parle d'aider, de secourir, de soulager la nature, de lui ôter ce qui lui nuit et lui donner ce qui lui manque, de la rétablir et de 135 la remettre dans une pleine facilité de ses fonctions; lorsqu'il vous parle de rectifier le sang, de tempérer les entrailles et le cerveau, de dégonfler la rate, de raccommoder la poitrine[1], de réparer le foie, de fortifier le cœur, de rétablir et conserver la chaleur naturelle, et d'avoir des secrets pour étendre la vie 140 à de longues années, il vous dit justement le roman de la médecine*. Mais, quand vous venez à la vérité et à l'expérience, vous ne trouvez rien de tout cela, et il en est comme de ces beaux songes qui ne vous laissent au réveil que le déplaisir de les avoir crus.

145 ARGAN. — C'est-à-dire que toute la science du monde est renfermée dans votre tête, et vous voulez en savoir plus que tous les grands médecins* de notre siècle.

BÉRALDE. — Dans les discours et dans les choses, ce sont deux sortes de personnes que vos grands médecins* : enten-150 dez-les parler, les plus habiles du monde; voyez-les faire, les plus ignorants de tous les hommes.

ARGAN. — Ouais! Vous êtes un grand docteur, à ce que je vois, et je voudrais bien qu'il y eût ici quelqu'un de ces mes-

---

1. Il faut comprendre ici : *purifier* le sang, *modérer l'échauffement* des entrailles et du cerveau... *remettre en ordre* la poitrine.

sieurs pour rembarrer[1] vos raisonnements et rabaisser votre
55 caquet. (11)

BÉRALDE. — Moi, mon frère, je ne prends point à tâche de
combattre la médecine*, et chacun, à ses périls et fortune[2],
peut croire tout ce qu'il lui plaît. Ce que j'en dis n'est qu'entre
nous, et j'aurais souhaité de pouvoir un peu vous tirer de
160 l'erreur où vous êtes, et, pour vous divertir, vous mener voir,
sur ce chapitre, quelqu'une des comédies de Molière.

ARGAN. — C'est un bon impertinent que votre Molière avec
ses comédies, et je le trouve bien plaisant d'aller jouer d'honnêtes gens comme les médecins*.

165 BÉRALDE. — Ce ne sont point les médecins* qu'il joue,
mais le ridicule de la médecine*.

ARGAN. — C'est bien à lui de se mêler de contrôler la méde-
cine*! Voilà un bon nigaud, un bon impertinent, de se moquer
des consultations* et des ordonnances*, de s'attaquer au
170 corps des médecins*, et d'aller mettre sur son théâtre des
personnes vénérables comme ces messieurs-là.

BÉRALDE. — Que voulez-vous qu'il y mette, que les diverses
professions des hommes? On y met bien tous les jours les
princes et les rois, qui sont d'aussi bonne maison que les
175 médecins*.

ARGAN. — Par la mort non de diable[3]! si j'étais que des
médecins*, je me vengerais de son impertinence, et, quand
il sera malade*, je le laisserais* mourir* sans secours. Il aurait
beau faire et beau dire, je ne lui ordonnerais* pas la moindre
180 petite saignée, le moindre petit lavement*, et je lui dirais :
« Crève, crève[4], cela t'apprendra une autre fois à te jouer à
la Faculté*. »

BÉRALDE. — Vous voilà bien en colère contre lui.

ARGAN. — Oui, c'est un malavisé, et, si les médecins* sont
185 sages, ils feront ce que je dis.

---

1. *Rembarrer* : combattre avec fermeté; 2. On dit aujourd'hui : à ses risques et
périls; 3. Formule qui, comme d'autres de ce genre *(morbleu)*, est destinée à éviter
le blasphème : « Par la mort de Dieu ! »; 4. Voir page 102, note 5.

--- QUESTIONS ---

11. Le fond du débat : précisez les deux conceptions de la nature
(lignes 120-122 et 126-127) qui s'opposent. L'argument d'Argan est-il
absurde? Le pouvoir de l'intelligence humaine sur la nature, selon Béralde.
— L'attitude d'Argan : à quoi voit-on qu'il se sent en état d'infériorité
face à son interlocuteur?

BÉRALDE. — Il sera encore plus sage que vos médecins*, car il ne leur demandera point de secours.

ARGAN. — Tant pis pour lui, s'il n'a point recours aux remèdes*.

190 BÉRALDE. — Il a ses raisons pour n'en point vouloir, et il soutient que cela n'est permis qu'aux gens vigoureux et robustes et qui ont des forces de reste pour porter[1] les remèdes* avec la maladie*; mais que, pour lui, il n'a justement de la force que pour porter son mal*. (12)

195 ARGAN. — Les sottes raisons que voilà! Tenez, mon frère, ne parlons point de cet homme-là davantage, car cela m'échauffe la bile, et vous me donneriez mon mal*.

BÉRALDE. — Je le veux bien, mon frère, et, pour changer de discours je vous dirai que, sur une petite répugnance que
200 vous témoigne votre fille, vous ne devez point prendre les résolutions violentes de la mettre dans un couvent; que, pour le choix d'un gendre, il ne vous faut pas suivre aveuglément la passion qui vous emporte, et qu'on doit, sur cette matière, s'accommoder un peu à l'inclination d'une fille, puisque c'est
205 pour toute la vie, et que de là dépend tout le bonheur d'un mariage. (13) (14)

---

1. *Porter* : supporter.

——— **QUESTIONS** ———

12. L'allusion de Molière à ses propres comédies : en quoi était-ce pour les contemporains un élément comique? Montrez que Molière trouve ici le moyen de se justifier, tout en provoquant en même temps ses détracteurs. — Quelles comédies antérieures au *Malade imaginaire* ridiculisaient déjà les médecins? Molière est-il de bonne foi quand il fait dire à Béralde : *Ce ne sont point les médecins qu'il joue, mais le ridicule de la médecine?* — Pour les spectateurs d'aujourd'hui qui savent les circonstances de la mort de Molière, les allusions à sa propre maladie et à l'inexpérience des médecins ne prennent-elles pas une valeur tragique?

13. Comment Béralde revient-il au sujet initial de la discussion? Sa maladresse n'est-elle pas conforme à ce que nous savons déjà de lui?

14. SUR L'ENSEMBLE DE LA SCÈNE III. — Cette scène est-elle une digression? Pourquoi Argan a-t-il tendance à prolonger la discussion sur la médecine plutôt qu'à parler de l'avenir d'Angélique?

— Le « raisonneur » Béralde : comparez-le à Cléante (*le Tartuffe*, acte premier, scène IV et acte IV, scène première), à Ariste (*les Femmes savantes*, acte II, scènes II et IV) ou même à Philinte (*le Misanthrope*, acte premier, scène première). Est-il le porte-parole de Molière?

— Résumez ce débat sur la médecine et les médecins. Rapprochez les idées de Béralde de celles de Dom Juan (*Dom Juan*, acte III, scène première). Quelles autres critiques, déjà exprimées dans *l'Amour médecin*, *le Médecin malgré lui* et *Monsieur de Pourceaugnac*, se retrouvent ici?

SCÈNE IV. — MONSIEUR FLEURANT, *une seringue
à la main ;* ARGAN, BÉRALDE.

ARGAN. — Ah! mon frère, avec votre permission.

BÉRALDE. — Comment! que voulez-vous faire?

ARGAN. — Prendre ce petit lavement*-là, ce sera bientôt fait.

BÉRALDE. — Vous vous moquez. Est-ce que vous ne sauriez
5 être un moment sans lavement* ou sans médecine*? Remettez
cela à une autre fois, et demeurez un peu en repos.

ARGAN. — Monsieur Fleurant, à ce soir ou à demain au
matin.

MONSIEUR FLEURANT, *à Béralde.* — De quoi vous mêlez-
10 vous de vous opposer aux ordonnances* de la médecine* et
d'empêcher monsieur de prendre mon clystère*? Vous êtes
bien plaisant d'avoir cette hardiesse-là!

BÉRALDE. — Allez, monsieur; on voit bien que vous n'avez
pas accoutumé de parler à des visages[1].

15 MONSIEUR FLEURANT. — On ne doit point ainsi se jouer des
remèdes* et me faire perdre mon temps. Je ne suis venu ici
que sur une bonne ordonnance*, et je vais dire à monsieur
Purgon comme on m'a empêché d'exécuter ses ordres et de
faire ma fonction. Vous verrez, vous verrez[2]...

20 ARGAN. — Mon frère, vous serez cause ici de quelque malheur.

BÉRALDE. — Le grand malheur de ne pas prendre un lavement* que monsieur Purgon a ordonné! Encore un coup,
mon frère, est-il possible qu'il n'y ait pas moyen de vous guérir*
de la maladie* des médecins*, et que vous vouliez être toute
25 votre vie enseveli dans leurs remèdes*?

ARGAN. — Mon Dieu, mon frère, vous en parlez comme
un homme qui se porte bien; mais, si vous étiez à ma place,
vous changeriez bien de langage. Il est aisé de parler contre
la médecine* quand on est en pleine santé*.

30 BÉRALDE. — Mais quel mal avez-vous?

---

1. Plaisanterie souvent reprise (voir notamment Regnard, *l'Homme à bonne
fortune*, acte II, scène première) et *Critique du légataire* (scène VI); 2. Naturellement,
M. Fleurant sort précipitamment après cette réplique.

ARGAN. — Vous me feriez enrager. Je voudrais que vous l'eussiez, mon mal*, pour voir si vous jaseriez tant. Ah! voici monsieur Purgon. (15)

Scène V. — MONSIEUR PURGON, ARGAN, BÉRALDE, TOINETTE.

MONSIEUR PURGON. — Je viens d'apprendre là-bas, à la porte, de jolies nouvelles : qu'on se moque ici de mes ordonnances*, et qu'on a fait refus de prendre le remède* que j'avais prescrit.

5 ARGAN. — Monsieur, ce n'est pas...

MONSIEUR PURGON. — Voilà une hardiesse bien grande, une étrange rébellion d'un malade* contre son médecin*.

TOINETTE. — Cela est épouvantable.

MONSIEUR PURGON. — Un clystère* que j'avais pris plaisir 10 à composer moi-même.

ARGAN. — Ce n'est pas moi.

MONSIEUR PURGON. — Inventé et formé dans toutes les règles de l'art*.

TOINETTE. — Il a tort.

15 MONSIEUR PURGON. — Et qui devait faire dans les entrailles un effet merveilleux.

ARGAN. — Mon frère...

MONSIEUR PURGON. — Le renvoyer avec mépris!

ARGAN. — C'est lui...

20 MONSIEUR PURGON. — C'est une action exorbitante.

TOINETTE. — Cela est vrai.

MONSIEUR PURGON. — Un attentat énorme contre la médecine*.

────── QUESTIONS ──────

15. Sur la scène iv. — Quel effet produit la courte apparition de M. Fleurant portant l'instrument de sa fonction? Son caractère d'après les deux répliques qu'il prononce; d'où vient son arrogance?
— L'attitude d'Argan : pourquoi capitule-t-il devant son frère, tout en redoutant « quelque malheur »? Sur quel ton accueille-t-il M. Purgon?

ARGAN. — Il est cause...

25 MONSIEUR PURGON. — Un crime de lèse-Faculté* qui ne se peut assez punir.

TOINETTE. — Vous avez raison.

MONSIEUR PURGON. — Je vous déclare que je romps commerce[1] avec vous.

30 ARGAN. — C'est mon frère...

MONSIEUR PURGON. — Que je ne veux plus d'alliance[2] avec vous.

TOINETTE. — Vous ferez bien.

MONSIEUR PURGON. — Et que, pour finir toute liaison avec 35 vous, voilà la donation que je faisais à mon neveu en faveur du mariage. (*Il déchire violemment la donation.*)

ARGAN. — C'est mon frère qui a fait tout le mal.

MONSIEUR PURGON. — Mépriser mon clystère*!

ARGAN. — Faites-le venir, je m'en vais le prendre.

40 MONSIEUR PURGON. — Je vous aurais tiré d'affaire avant qu'il fût peu.

TOINETTE. — Il ne le mérite pas.

MONSIEUR PURGON. — J'allais nettoyer votre corps et en évacuer entièrement les mauvaises humeurs[3].

45 ARGAN. — Ah! mon frère!

MONSIEUR PURGON. — Et je ne voulais qu'une douzaine de médecines* pour vider le fond du sac.

TOINETTE. — Il est indigne de vos soins.

MONSIEUR PURGON. — Mais, puisque vous n'avez pas voulu 50 guérir* par mes mains...

ARGAN. — Ce n'est pas ma faute.

MONSIEUR PURGON. — Puisque vous vous êtes soustrait de l'obéissance que l'on doit à son médecin*...

TOINETTE. — Cela crie vengeance.

---

1. *Commerce* : ici, relations professionnelles de médecin à client; 2. Le projet de mariage entre Thomas Diafoirus et Angélique; 3. Voir page 35, note 4.

55 MONSIEUR PURGON. — Puisque vous vous êtes déclaré rebelle aux remèdes* que je vous ordonnais*...

ARGAN. — Hé! point du tout.

MONSIEUR PURGON. — J'ai à vous dire que je vous abandonne à votre mauvaise constitution, à l'intempérie de vos
60 entrailles, à la corruption de votre sang, à l'âcreté de votre bile et à la féculence de vos humeurs[1].

TOINETTE. — C'est fort bien fait.

ARGAN. — Mon Dieu!

MONSIEUR PURGON. — Et je veux qu'avant qu'il soit quatre
65 jours vous deveniez dans un état incurable.

ARGAN. — Ah! miséricorde!

MONSIEUR PURGON. — Que vous tombiez dans la bradypepsie[2].

ARGAN. — Monsieur Purgon!

70 MONSIEUR PURGON. — De la bradypepsie dans la dyspepsie[3].

ARGAN. — Monsieur Purgon!

MONSIEUR PURGON. — De la dyspepsie dans l'apepsie[4].

ARGAN. — Monsieur Purgon!

MONSIEUR PURGON. — De l'apepsie dans la lienterie[5].

75 ARGAN. — Monsieur Purgon!

MONSIEUR PURGON. — De la lienterie dans la dysenterie[6].

ARGAN. — Monsieur Purgon!

MONSIEUR PURGON. — De la dysenterie dans l'hydropisie[7].

ARGAN. — Monsieur Purgon!

---

1. L'état des humeurs troublées comme par une lie; 2. *Bradypepsie :* digestion trop lente; 3. *Apepsie :* digestion difficile; 4. *Dyspepsie :* absence de digestion; 5. *Lienterie :* diarrhée; 6. *Dysenterie :* maladie infectieuse de l'intestin; 7. *Hydropisie :* accumulation de sérosité dans les tissus cellulaires, maladie très grave à évolution lente et qui peut aboutir à la mort.

80   MONSIEUR PURGON. — Et de l'hydropisie dans la privation de la vie, où vous aura conduit votre folie[1]. **(16)**

Scène VI. — ARGAN, BÉRALDE.

ARGAN. — Ah! mon Dieu, je suis mort. Mon frère, vous m'avez perdu.

BÉRALDE. — Quoi? qu'y a-t-il?

ARGAN. — Je n'en puis plus. Je sens déjà que la médecine*
5 se venge.

BÉRALDE. — Ma foi, mon frère, vous êtes fou, et je ne voudrais pas, pour beaucoup de choses, qu'on vous vît faire ce que vous faites. Tâtez-vous un peu, je vous prie; revenez à vous-même et ne donnez point tant à votre imagination.

10   ARGAN. — Vous voyez, mon frère, les étranges maladies* dont il m'a menacé.

BÉRALDE. — Le simple[2] homme que vous êtes!

ARGAN. — Il dit que je deviendrai incurable avant qu'il soit quatre jours.

15   BÉRALDE. — Et ce qu'il dit, que fait-il à la chose? Est-ce un oracle qui a parlé? Il semble, à vous entendre, que monsieur Purgon tienne dans ses mains le filet[3] de vos jours, et que, d'autorité suprême, il vous l'allonge et vous le raccourcisse comme il lui plaît. Songez que les principes de votre

---

1. Toinette sort avec M. Purgon; 2. *Simple :* crédule; 3. *Le filet :* le fil. Image traditionnelle qui représente le cours de la vie par un fil qui est aux mains des Parques.

——— ■ QUESTIONS ———

16. SUR LA SCÈNE V. — Le rythme de la scène. Pourquoi ces courtes répliques, de plus en plus percutantes, prononcées par M. Purgon? L'accroissement de son indignation, qui s'échauffe elle-même.
— Le caractère de M. Purgon d'après cette scène : comparez-le au portrait qu'en a brossé Béralde (acte III, scène III, lignes 101-114). Pourquoi est-il plus soucieux de son prestige que de son intérêt?
— L'évolution des sentiments d'Argan depuis le début de la scène; sur quel ton prononce-t-il ses appels successifs à M. Purgon, à partir de la ligne 69? Pourquoi son attitude ne réussit-elle pas à calmer M. Purgon?
— Le rôle de Toinette : dans quelle intention appuie-t-elle tous les propos de M. Purgon? Quelle impression doit en éprouver Argan? Imaginez l'attitude de Béralde au cours de cette scène; expliquez son silence.
— L'action : que devient le projet de mariage entre Angélique et Thomas Diafoirus?

20 vie sont en vous-même, et que le courroux de monsieur Purgon est aussi peu capable de vous faire mourir* que ses remèdes*
de vous faire vivre. Voici une aventure, si vous voulez, à vous
défaire des médecins*; ou, si vous êtes né à ne pouvoir vous
en passer, il est aisé d'en avoir un autre avec lequel, mon frère,
25 vous puissiez courir un peu moins de risque.

ARGAN. — Ah! mon frère, il sait tout mon tempérament[1]
et la manière dont il faut me gouverner.

BÉRALDE. — Il faut vous avouer que vous êtes un homme
d'une grande prévention, et que vous voyez les choses avec
30 d'étranges yeux. **(17)**

Scène VII. — TOINETTE, ARGAN, BÉRALDE.

TOINETTE. — Monsieur, voilà un médecin* qui demande à
vous voir.

ARGAN. — Et quel médecin*?

TOINETTE. — Un médecin* de la médecine*. **(18)**

5 ARGAN. — Je te demande qui il est.

TOINETTE. — Je ne le connais pas; mais il me ressemble
comme deux gouttes d'eau, et, si je n'étais sûre que ma mère
était honnête femme, je dirais que ce serait quelque petit
frère qu'elle m'aurait donné depuis le trépas de mon père. **(19)**

10 ARGAN. — Fais-le venir[2].

BÉRALDE. — Vous êtes servi à souhait. Un médecin* vous
quitte, un autre se présente.

ARGAN. — J'ai bien peur que vous ne soyez cause de quelque
malheur.

15 BÉRALDE. — Encore! Vous en revenez toujours là.

---

1. *Tempérament* : voir page 79, note 2; 2. Toinette sort.

--- **QUESTIONS** ---

17. SUR LA SCÈNE VI. — Montrez l'utilité de cette scène de transition,
et l'habileté avec laquelle Molière l'utilise.
— Analysez l'état de dépression dans lequel se trouve Argan : éprouve-
t-il de la colère contre Béralde?
18. Cherchez les différents sens de cette réplique.
19. Relevez et appréciez toutes les précautions prises par Molière
pour préparer cette scène et en atténuer l'invraisemblance.

ARGAN. — Voyez-vous, j'ai sur le cœur toutes ces maladies*-là que je ne connais point, ces... **(20)**

Scène VIII. — TOINETTE, *en médecin*, ARGAN, BÉRALDE.

TOINETTE. — Monsieur, agréez que je vienne vous rendre visite et vous offrir mes petits services pour toutes les saignées et les purgations dont vous aurez besoin.

ARGAN. — Monsieur, je vous suis fort obligé. Par ma foi,
5 voilà Toinette elle-même.

TOINETTE. — Monsieur, je vous prie de m'excuser, j'ai oublié de donner une commission à mon valet, je reviens tout à l'heure[1].

ARGAN. — Eh! ne diriez-vous pas que c'est effectivement
10 Toinette?

BÉRALDE. — Il est vrai que la ressemblance est tout à fait grande; mais ce n'est pas la première fois qu'on a vu de ces sortes de choses, et les histoires ne sont pleines que de ces jeux de la nature.

15 ARGAN. — Pour moi, j'en suis surpris, et... **(21)**

Scène IX. — TOINETTE, ARGAN, BÉRALDE.

TOINETTE *quitte son habit de médecin si promptement qu'il est difficile de croire que ce soit elle qui a paru en médecin.* — Que voulez-vous, monsieur?

ARGAN. — Comment?

5 TOINETTE. — Ne m'avez-vous pas appelée?

ARGAN. — Moi? non.

TOINETTE. — Il faut donc que les oreilles m'aient corné.

---

1. *Tout à l'heure :* tout de suite. Toinette sort aussitôt.

─────── **QUESTIONS** ───────

20. Sur l'ensemble de la scène VII. — L'annonce de l'arrivée d'un nouveau médecin suffit-elle à tirer Argan de son idée fixe? Comment se précise de plus en plus le fond de son tempérament?
21. Sur la scène VIII. — Les précautions prises par Toinette à la scène précédente étaient-elles suffisantes? En quoi ont-elles pu même être maladroites? Son stratagème ne semble-t-il pas sur le point d'échouer?

ARGAN. — Demeure un peu ici pour voir comme ce médecin* te ressemble.

10   TOINETTE, *en sortant, dit.* — Oui, vraiment! J'ai affaire
là-bas, et je l'ai assez vu.

ARGAN. — Si je ne les voyais tous deux, je croirais que ce
n'est qu'un.

BÉRALDE. — J'ai lu des choses surprenantes de ces sortes
15 de ressemblance, et nous en avons vu, de notre temps, où
tout le monde s'est trompé.

ARGAN. — Pour moi, j'aurais été trompé à celle-là, et j'aurais juré que c'est la même personne. **(22)**

SCÈNE X. — TOINETTE, *en médecin*, ARGAN,
BÉRALDE.

TOINETTE. — Monsieur, je vous demande pardon de tout
mon cœur.

ARGAN. — Cela est admirable!

TOINETTE. — Vous ne trouverez pas mauvais[1], s'il vous plaît,
5 la curiosité que j'ai eue de voir un illustre malade* comme
vous êtes, et votre réputation, qui s'étend partout, peut excuser la liberté que j'ai prise. **(23)**

ARGAN. — Monsieur, je suis votre serviteur.

TOINETTE. — Je vois, monsieur, que vous me regardez fixe-
10 ment. Quel âge croyez-vous bien que j'aie?

ARGAN. — Je crois que tout au plus vous pouvez avoir
vingt-six ou vingt-sept ans...

TOINETTE. — Ah! ah! ah! ah! ah! J'en ai quatre-vingt-dix.

---

1. *Mauvais* reste invariable ici parce qu'il forme avec le verbe une expression
indivisible; ce qui autorise cette tournure c'est qu'il est séparé par plusieurs mots
du terme auquel il devrait se rapporter.

─────── **QUESTIONS** ───────

22. SUR LA SCÈNE IX. — Le comique de farce : faites une comparaison
avec *le Médecin volant*. La réapparition de Toinette suffit-elle à calmer
la méfiance d'Argan? Aurait-il été vraisemblable qu'Argan soit niai-
sement crédule?

23. J. Arnavon (voir Jugements) juge ces apparitions successives moins
admissibles que l'invraisemblance qu'elles prétendent atténuer et propose
une coupure de *Voilà Toinette elle-même...* (scène VIII, ligne 5) jusqu'à
cette réplique. Êtes-vous pour ou contre cette suppression?

ARGAN. — Quatre-vingt-dix?

15 TOINETTE. — Oui. Vous voyez un effet des secrets de mon art, de me conserver ainsi frais et vigoureux.

ARGAN. — Par ma foi, voilà un beau jeune vieillard pour quatre-vingt-dix ans. (24)

TOINETTE. — Je suis médecin* passager, qui vais de ville
20 en ville, de province en province, de royaume en royaume, pour chercher d'illustres matières à ma capacité, pour trouver des malades* dignes de m'occuper, capables d'exercer les grands et beaux secrets[1] que j'ai trouvés dans la médecine*. Je dédaigne de m'amuser à ce menu fatras de maladies* ordi-
25 naires, à ces bagatelles de rhumatismes et de fluxions[2], à ces fiévrotes, à ces vapeurs[3] et à ces migraines. Je veux des mala-dies* d'importance, de bonnes fièvres continues, avec des transports au cerveau[4], de bonnes fièvres pourprées[5], de bonnes pestes, de bonnes hydropisies formées, de bonnes pleurésies,
30 avec des inflammations de poitrine : c'est là que je me plais, c'est là que je triomphe; et je voudrais, monsieur, que vous eussiez toutes les maladies* que je viens de dire, que vous fussiez abandonné de tous les médecins*, désespéré, à l'agonie*, pour vous montrer l'excellence de mes remèdes*, et l'envie
35 que j'aurais de vous rendre service[6].

ARGAN. — Je vous suis obligé, monsieur, des bontés que vous avez pour moi. (25)

TOINETTE. — Donnez-moi votre pouls. Allons donc, que l'on batte comme il faut. Ah! je vous ferai bien aller comme vous
40 devez. Ouais! ce pouls-là fait l'impertinent; je vois bien que vous ne me connaissez pas encore. Qui est votre médecin*?

ARGAN. — Monsieur Purgon.

---

1. Par exemple, le quinquina, dû à l'Anglais Talbot, l'ipéca, du médecin hollan-dais Helvétius; 2. *Fluxion* : afflux du liquide dans certains tissus; 3. *Vapeurs* : troubles légers qu'on disait produits par les « humeurs subtiles » qui venaient des parties basses (rate, foie), pour monter au cerveau; 4. Des accès de délire; 5. Comme la rougeole ou la scarlatine; 6. Voir *le Médecin malgré lui* (acte II, scène II).

──────── QUESTIONS ────────

24. L'inquiétude d'Argan a maintenant disparu; comment Toinette réussit-elle à le subjuguer?

25. Étudiez cette tirade de Toinette : composition, intentions de l'au-teur, rythme des phrases et comique, encore accru par la réponse d'Ar-gan. — Où Toinette a-t-elle pu apprendre tout le vocabulaire dont elle se sert? Est-ce seulement parce qu'elle a entendu M. Purgon?

TOINETTE. — Cet homme-là n'est point écrit sur mes tablettes entre les grands médecins*. De quoi dit-il que vous êtes malade*?

45   ARGAN. — Il dit que c'est du foie, et d'autres[1] disent que c'est de la rate.

TOINETTE. — Ce sont tous des ignorants. C'est du poumon que vous êtes malade*.

ARGAN. — Du poumon?

50   TOINETTE. — Oui. Que sentez-vous?

ARGAN. — Je sens de temps en temps des douleurs de tête.

TOINETTE. — Justement, le poumon.

ARGAN. — Il me semble parfois que j'ai un voile devant les yeux.

55   TOINETTE. — Le poumon.

ARGAN. — J'ai quelquefois des maux* de cœur.

TOINETTE. — Le poumon.

ARGAN. — Je sens parfois des lassitudes par tous les membres.

TOINETTE. — Le poumon.

60   ARGAN. — Et quelquefois il me prend des douleurs dans le ventre, comme si c'étaient des coliques[2].

TOINETTE. — Le poumon. Vous avez appétit à ce que vous mangez?

ARGAN. — Oui, monsieur.

65   TOINETTE. — Le poumon. Vous aimez à boire un peu de vin?

ARGAN. — Oui, monsieur.

TOINETTE. — Le poumon. Il vous prend un petit sommeil après le repas, et vous êtes bien aise de dormir?

ARGAN. — Oui, monsieur.

70   TOINETTE. — Le poumon, le poumon, vous dis-je. Que vous ordonne* votre médecin* pour votre nourriture?

ARGAN. — Il m'ordonne* du potage.

TOINETTE. — Ignorant!

ARGAN. — De la volaille.

75   TOINETTE. — Ignorant!

---

1. Diafoirus père et fils; 2. Notez le silence d'Argan en ce qui concerne la toux que lui reproche Béline (ci-après, scène XII).

ARGAN. — Du veau.

TOINETTE. — Ignorant!

ARGAN. — Des bouillons.

TOINETTE. — Ignorant!

80 ARGAN. — Des œufs frais.

TOINETTE. — Ignorant!

ARGAN. — Et, le soir, de petits pruneaux pour lâcher le ventre.

TOINETTE. — Ignorant!

85 ARGAN. — Et surtout de boire mon vin fort trempé[1].

TOINETTE. — *Ignorantus, ignoranta, ignorantum!* Il faut boire votre vin pur; et, pour épaissir votre sang, qui est trop subtil[2], il faut manger du. bon gros bœuf, de bon gros porc, de bon fromage de Hollande, du gruau et du riz, et des marrons et 90 des oublies[3], pour coller et conglutiner[4]. Votre médecin* est une bête. Je veux vous en envoyer un de ma main, et je viendrai vous voir de temps en temps, tandis que je serai en cette ville. **(26)**

ARGAN. — Vous m'obligerez beaucoup.

95 TOINETTE. — Que diantre faites-vous de ce bras-là?

ARGAN. — Comment?

TOINETTE. — Voilà un bras que je me ferais couper tout à l'heure, si j'étais que de vous.

ARGAN. — Et pourquoi?

100 TOINETTE. — Ne croyez-vous pas qu'il tire à soi toute la nourriture, et qu'il empêche ce côté-là de profiter?

---

1. Mêlé de beaucoup d'eau; 2. *Subtil :* fluide; Toinette incrimine, elle aussi, une anomalie dans la consistance des humeurs; 3. *Oublies :* sortes de gaufres roulées, vendues par des marchands ambulants; 4. *Conglutiner :* à peu près synonyme de « coller ».

─────── **QUESTIONS** ───────

26. Montrez que l'effet mécanique du comique de répétition ne constitue pas le seul intérêt de cette consultation de Toinette; le diagnostic et les remèdes qu'elle propose sont-ils simplement destinés à contredire M. Purgon? En quoi le bon sens de Toinette essaie-t-il de réparer réellement les fâcheuses conséquences qu'ont pu avoir sur Argan les soins donnés par les médecins officiels? — Si on se rappelle que Molière souffrait d'une affection pulmonaire, quelle résonance prend ce passage?

ARGAN. — Oui, mais j'ai besoin de mon bras.

TOINETTE. — Vous avez là aussi un œil droit que je me ferais crever, si j'étais en votre place.

105 ARGAN. — Crever un œil?

TOINETTE. — Ne voyez-vous pas qu'il incommode l'autre et lui dérobe sa nourriture? Croyez-moi, faites-vous-le crever au plus tôt, vous en verrez plus clair de l'œil gauche.

ARGAN. — Cela n'est pas pressé. **(27)**

110 TOINETTE. — Adieu. Je suis fâché de vous quitter si tôt, mais il faut que je me trouve à une grande consultation* qui se doit faire pour un homme qui mourut hier.

ARGAN. — Pour un homme qui mourut hier?

TOINETTE. — Oui, pour aviser et voir ce qu'il aurait fallu 115 lui faire pour le guérir*. Jusqu'au revoir.

ARGAN. — Vous savez que les malades* ne reconduisent point[1].

BÉRALDE. — Voilà un médecin* qui paraît fort habile.

ARGAN. — Oui, mais il va un peu bien vite.

120 BÉRALDE. — Tous les grands médecins* sont comme cela.

ARGAN. — Me couper un bras, me crever un œil, afin que l'autre se porte mieux! J'aime bien mieux qu'il ne se porte pas si bien. La belle opération de me rendre borgne et manchot! **(28)**

---

1. Toinette est déjà sortie.

——— QUESTIONS ———

27. Rapprochez ce passage du texte des *Essais* (Doc. thématique, II, 37). Voit-on le parti qu'en a tiré Molière? — On a proposé de couper aussi les neuf dernières répliques, depuis la ligne 95; que pensez-vous de cette suggestion? Quelle peut être maintenant l'intention de Toinette en proposant des remèdes aussi effrayants? A quel état d'esprit veut-elle amener Argan?

28. SUR L'ENSEMBLE DE LA SCÈNE X. — La ruse de Toinette, annoncée dès la scène II de l'acte III, est-elle plus efficace, après les menaces de M. Purgon, qui, elles, n'étaient pas prévues?
— Le comique : montrez que Toinette, tout en nous donnant un spectacle de farce, s'inspire de la réalité (médecins ambulants et charlatans). Qu'en résulte-t-il sur la vraisemblance du personnage qu'elle joue? Comment se complète ainsi la satire de la médecine?
— Imaginez l'attitude et les jeux de physionomie de Béralde : pourquoi reste-t-il muet jusqu'au départ de Toinette?

Scène XI. — TOINETTE, ARGAN, BÉRALDE.

TOINETTE[1]. — Allons, allons, je suis votre servante. Je n'ai pas envie de rire.

ARGAN. — Qu'est-ce que c'est?

TOINETTE. — Votre médecin*, ma foi, qui me voulait tâter
5 le pouls. (29)

ARGAN. — Voyez un peu, à l'âge de quatre-vingt-dix ans!

BÉRALDE. — Oh ça, mon frère, puisque voilà votre monsieur Purgon brouillé avec vous, ne voulez-vous pas bien que
je vous parle du parti qui s'offre pour ma nièce?

10 ARGAN. — Non, mon frère, je veux la mettre dans un couvent, puisqu'elle s'est opposée à mes volontés. Je vois bien
qu'il y a quelque amourette là-dessous, et j'ai découvert certaine entrevue secrète qu'on[2] ne sait pas que j'ai découverte.

BÉRALDE. — Hé bien! mon frère, quand il y aurait quelque
15 petite inclination, cela serait-il si criminel, et rien peut-il vous
offenser, quand tout ne va qu'à des choses honnêtes comme
le mariage?

ARGAN. — Quoi qu'il en soit, mon frère, elle sera religieuse;
c'est une chose résolue. (30)

20 BÉRALDE. — Vous voulez faire plaisir à quelqu'un[3].

ARGAN. — Je vous entends. Vous en revenez toujours là, et
ma femme vous tient au cœur.

BÉRALDE. — Hé bien, oui, mon frère, puisqu'il faut parler
à cœur ouvert, c'est votre femme que je veux dire; et non
25 plus que l'entêtement de la médecine*, je ne puis vous souffrir
l'entêtement où vous êtes pour elle, et voir que vous donniez
tête baissée dans tous les pièges qu'elle vous tend.

---

1. Elle parle à la porte, comme si elle s'adressait à quelqu'un au-dehors; 2. C'est-à-
dire Angélique elle-même; 3. Voir acte III, scène III, ligne 17.

─────── **QUESTIONS** ───────

29. Appréciez le comique de cette rentrée; quelle impression Toinette
veut-elle confirmer?

30. A quel moment de l'action revient-on? Les scènes III à x n'ont-
elles constitué qu'un intermède? — L'obstination d'Argan : pourquoi,
malgré toutes les émotions qu'il vient de traverser, retrouve-t-il avec
une parfaite lucidité la décision à laquelle il s'était arrêté?

LE MALADE IMAGINAIRE AU THÉÂTRE DE L'ALLIANCE-FRANÇAISE (1960)
Argan et Béline (acte III, scène XII).

TOINETTE. — Ah! monsieur, ne parlez point de madame; c'est une femme sur laquelle il n'y a rien à dire, une femme
30 sans artifice, et qui aime monsieur, qui l'aime!... On ne peut pas dire cela.

ARGAN. — Demandez-lui un peu les caresses qu'elle me fait.

TOINETTE. — Cela est vrai.

ARGAN. — L'inquiétude que lui donne ma maladie*.

35 TOINETTE. — Assurément.

ARGAN. — Et les soins et les peines qu'elle prend autour de moi.

TOINETTE. — Il est certain. (*A Béralde.*) Voulez-vous que je vous convainque et vous fasse voir tout à l'heure comme
40 madame aime monsieur? (*A Argan.*) Monsieur, souffrez que je lui montre son bec jaune¹ et le tire d'erreur.

ARGAN. — Comment?

TOINETTE. — Madame s'en va revenir. Mettez-vous tout étendu dans cette chaise, et contrefaites le mort. Vous verrez
45 la douleur où elle sera quand je lui dirai la nouvelle.

ARGAN. — Je le veux bien.

TOINETTE. — Oui, mais ne la laissez pas longtemps dans le désespoir, car elle en pourrait bien mourir.

ARGAN. — Laisse-moi faire.

50 TOINETTE, *à Béralde*. — Cachez-vous, vous, dans ce coin-là².

ARGAN. — N'y a-t-il point quelque danger à contrefaire le mort?

TOINETTE.— Non, non. Quel danger y aurait-il? Étendez-vous là seulement. (*Bas.*) Il y aura plaisir à confondre votre
55 frère. Voici madame. Tenez-vous bien. (31) (32)

---

1. *Bec jaune* ou *béjaune* (terme de fauconnerie) : jeune oiseau, d'où jeune homme inexpérimenté, et enfin sottise, ignorance; 2. Dans l'encoignure d'une porte, par exemple, ou près du lit.

■ QUESTIONS ─────────────────────

31. Béralde n'a-t-il pas commis encore une maladresse? Pourquoi Argan peut-il avoir l'impression qu'il y a un complot contre Béline? — Le rôle de Toinette : comment s'y prend-elle pour persuader Argan de tenter une épreuve qui doit lui déplaire pour plusieurs raisons?

32. SUR L'ENSEMBLE DE LA SCÈNE XI. — Quel emploi continue de tenir Toinette? — Le sentiment du spectateur, qui est ici de connivence avec Toinette. A-t-il confiance dans la réussite?

Scène XII. — BÉLINE, TOINETTE, ARGAN,
BÉRALDE.

TOINETTE, *s'écrie.* — Ah! mon Dieu! Ah! malheur! quel étrange accident!

BÉLINE. — Qu'est-ce, Toinette?

TOINETTE. — Ah! madame!

5 BÉLINE. — Qu'y a-t-il?

TOINETTE. — Votre mari est mort.

BÉLINE. — Mon mari est mort?

TOINETTE. — Hélas! oui. Le pauvre défunt est trépassé.

BÉLINE. — Assurément?

10 TOINETTE. — Assurément. Personne ne sait encore cet accident-là, et je me suis trouvée ici toute seule. Il vient de passer entre mes bras. Tenez, le voilà tout de son long dans cette chaise.

BÉLINE. — Le ciel en soit loué! Me voilà délivrée d'un 15 grand fardeau. Que tu es sotte, Toinette, de t'affliger de cette mort*!

TOINETTE. — Je pensais, madame, qu'il fallût pleurer.

BÉLINE. — Va, va, cela n'en vaut pas la peine. Quelle perte est-ce que la sienne, et de quoi servait-il sur la terre? Un 20 homme incommode à tout le monde, malpropre, dégoûtant, sans cesse un lavement* ou une médecine* dans le ventre, mouchant, toussant, crachant toujours, sans esprit, ennuyeux, de mauvaise humeur, fatiguant sans cesse les gens, et grondant jour et nuit servantes et valets.

25 TOINETTE. — Voilà une belle oraison funèbre.

BÉLINE. — Il faut, Toinette, que tu m'aides à exécuter mon dessein, et tu peux croire qu'en me servant ta récompense est sûre. Puisque, par un bonheur, personne n'est encore averti de la chose, portons-le dans son lit, et tenons cette mort* 30 cachée jusqu'à ce que j'aie fait mon affaire. Il y a des papiers, il y a de l'argent, dont je me veux saisir, et il n'est pas juste que j'aie passé sans fruit auprès de lui mes plus belles années. Viens, Toinette : prenons auparavant toutes ses clefs.

ARGAN, *se levant brusquement.* — Doucement.

35   BÉLINE, *surprise et épouvantée*. — Aïe!

ARGAN. — Oui, madame ma femme, c'est ainsi que vous m'aimez?

TOINETTE. — Ah! ah! le défunt n'est pas mort.

ARGAN, *à Béline, qui sort.* — Je suis bien aise de voir votre
40 amitié et d'avoir entendu le beau panégyrique[1] que vous avez
fait de moi. Voilà un avis au lecteur[2] qui me rendra sage à
l'avenir, et qui m'empêchera de faire bien des choses.

BÉRALDE, *sortant de l'endroit où il s'est caché.* — Hé bien,
mon frère, vous le voyez.

45   TOINETTE. — Par ma foi, je n'aurais jamais cru cela. Mais
j'entends votre fille; remettez-vous comme vous étiez et voyons
de quelle manière elle recevra votre mort*. C'est une chose
qu'il n'est pas mauvais d'éprouver; et puisque vous êtes en
train, vous connaîtrez par là les sentiments que votre famille
50 a pour vous. (33)

Scène XIII. — ANGÉLIQUE, ARGAN, TOINETTE, BÉRALDE.

TOINETTE, *s'écrie.* — O ciel! ah! fâcheuse aventure! malheureuse journée!

ANGÉLIQUE. — Qu'as-tu, Toinette, et de quoi pleures-tu?

TOINETTE. — Hélas! j'ai de tristes nouvelles à vous donner.

5   ANGÉLIQUE. — Hé quoi!

TOINETTE. — Votre père est mort.

ANGÉLIQUE. — Mon père est mort, Toinette?

TOINETTE. — Oui, vous le voyez là. Il vient de mourir tout
à l'heure[3] d'une faiblesse* qui lui a pris.

---

1. *Panégyrique* : discours destiné à faire l'éloge de quelqu'un; 2. *Avis au lecteur* : conseil donné indirectement; 3. *Tout à l'heure* : à l'instant.

--- **QUESTIONS** ---

33. SUR LA SCÈNE XII. — Comment se fait-il que Béline tombe dans le piège? Croyait-elle Argan réellement malade pour admettre aussi aisément sa mort subite?

— Le cynisme de Béline n'est-il pas un peu outré? En quoi fait-elle là encore penser à Tartuffe?

— Quelle leçon Argan tire-t-il de l'aventure? Peut-on espérer que le portrait qu'il vient d'entendre de la bouche de Béline lui ouvrira les yeux sur ses propres défauts?

10 ANGÉLIQUE. — O ciel! quelle infortune! quelle atteinte cruelle! Hélas! faut-il que je perde mon père, la seule chose qui me restait au monde, et qu'encore, pour un surcroît de désespoir, je le perde dans un moment où il était irrité contre moi! Que deviendrai-je, malheureuse, et quelle consolation
15 trouver après une si grande perte? **(34)**

Scène XIV. — CLÉANTE, ANGÉLIQUE, ARGAN, TOINETTE, BÉRALDE.

CLÉANTE. — Qu'avez-vous donc, belle Angélique? et quel malheur pleurez-vous?

ANGÉLIQUE. — Hélas! je pleure tout ce que dans ma vie je pouvais perdre de plus cher et de plus précieux. Je pleure la
5 mort de mon père.

CLÉANTE. — O ciel! quel accident! quel coup inopiné! Hélas! après la demande que j'avais conjuré votre oncle de lui faire pour moi, je venais me présenter à lui et tâcher, par mes respects et par mes prières, de disposer son cœur à vous
10 accorder à mes vœux.

ANGÉLIQUE. — Ah! Cléante, ne parlons plus de rien. Laissons là toutes les pensées du mariage. Après la perte de mon père, je ne veux plus être du monde, et j'y renonce pour jamais. **(35)** Oui, mon père, si j'ai résisté tantôt à vos volontés, je veux
15 suivre du moins une de vos intentions et réparer par là le chagrin que je m'accuse de vous avoir donné. Souffrez, mon père, que je vous en donne ici ma parole, et que je vous embrasse pour vous témoigner mon ressentiment[1].

ARGAN, *se lève.* — Ah! ma fille!

20 ANGÉLIQUE, *épouvantée.* — Aïe!

---

1. A la fois, ma douleur et mon affection.

──── QUESTIONS ────

34. Sur la scène XIII. — La douleur d'Angélique. Que révèle-t-elle de son caractère?
— Le style d'Angélique dans sa douleur : serait-il adroit de prononcer cette réplique avec une grandiloquence tragique?

35. Que pensez-vous de cette attitude d'Angélique qui, face à son père mort, accepte d'elle-même le sort auquel Béline aurait voulu la contraindre?

ARGAN.— Viens. N'aie point de peur, je ne suis pas mort. Va, tu es mon vrai sang, ma véritable fille, et je suis ravi d'avoir vu ton bon naturel.

ANGÉLIQUE. — Ah! quelle surprise agréable, mon père!
25 Puisque, par un bonheur extrême, le ciel vous redonne à mes vœux, souffrez qu'ici je me jette à vos pieds pour vous supplier d'une chose. Si vous n'êtes pas favorable au penchant de mon cœur, si vous me refusez Cléante pour époux, je vous conjure, au moins, de ne me point forcer d'en épouser un
30 autre. C'est toute la grâce que je vous demande.

CLÉANTE, *se jette à genoux.* — Eh! monsieur, laissez-vous toucher à ses prières et aux miennes, et ne vous montrez point contraire aux mutuels empressements d'une si belle inclination.

BÉRALDE. — Mon frère, pouvez-vous tenir là contre?

35 TOINETTE. — Monsieur, serez-vous insensible à tant d'amour?

ARGAN. — Qu'il se fasse médecin*, je consens au mariage. Oui, faites-vous médecin*, je vous donne ma fille.

CLÉANTE. — Très volontiers; s'il ne tient qu'à cela pour être votre gendre, je me ferai médecin*, apothicaire* même,
40 si vous voulez. Ce n'est pas une affaire que cela, et je ferais bien d'autres choses pour obtenir la belle Angélique. (36)

BÉRALDE. — Mais, mon frère, il me vient une pensée. Faites-vous médecin* vous-même. La commodité sera encore plus grande d'avoir en vous tout ce qu'il vous faut.

45 TOINETTE. — Cela est vrai. Voilà le vrai moyen de vous guérir* bientôt; et il n'y a point de maladie* si osée que de se jouer à la personne d'un médecin*.

ARGAN. — Je pense, mon frère, que vous vous moquez de moi. Est-ce que je suis en âge d'étudier?

50 BÉRALDE. — Bon, étudier! Vous êtes assez savant; et il y en a beaucoup parmi eux qui ne sont pas plus habiles que vous.

ARGAN. — Mais il faut savoir parler latin, connaître les maladies* et les remèdes* qu'il y faut faire.

─────────── **QUESTIONS** ───────────

36. Appréciez le changement de climat qui annonce le dénouement. Comment Molière, tout en suivant ici les traditions de la comédie, maintient-il la vérité du caractère d'Argan?

BÉRALDE. — En recevant la robe et le bonnet de médecin*,
55 vous apprendrez tout cela, et vous serez après plus habile
que vous ne voudrez.

ARGAN. — Quoi! l'on sait discourir sur les maladies* quand
on a cet habit-là? (37)

BÉRALDE. — Oui. L'on n'a qu'à parler; avec une robe et
60 un bonnet, tout galimatias devient savant, et toute sottise
devient raison.

TOINETTE. — Tenez, monsieur, quand il n'y aurait que
votre barbe, c'est déjà beaucoup, et la barbe fait plus de la
moitié d'un médecin[1]*.

65 CLÉANTE. — En tout cas je suis prêt à tout.

BÉRALDE. — Voulez-vous que l'affaire se fasse tout à l'heure?

ARGAN. — Comment, tout à l'heure?

BÉRALDE. — Oui, et dans votre maison.

ARGAN. — Dans ma maison?

70 BÉRALDE. — Oui. Je connais une Faculté* de mes amies
qui viendra tout à l'heure en faire la cérémonie dans votre
salle. Cela ne vous coûtera rien.

ARGAN. — Mais moi, que dire? que répondre?

BÉRALDE. — On vous instruira en deux mots, et l'on vous
75 donnera par écrit ce que vous devez dire. Allez-vous-en vous
mettre en habit décent, je vais les envoyer querir.

ARGAN. — Allons, voyons cela[2].

CLÉANTE. — Que voulez-vous dire, et qu'entendez-vous avec
cette Faculté* de vos amies?

80 TOINETTE. — Quel est donc votre dessein?

BÉRALDE. — De nous divertir un peu ce soir. Les comédiens

---

1. La barbe était en général réservée aux médecins les plus âgés. Molière ne portait sans doute pas la barbe, mais, au XVIIᵉ siècle, ce terme peut désigner seulement les moustaches et la mouche, avec lesquels il a joué tous les rôles, sauf celui d'Alceste; 2. Argan sort sur cette réplique, mais il va reparaître en héros dans la « cérémonie ».

——— QUESTIONS ———

37. Comparez ces objections d'Argan à l'attitude de Sganarelle dans *Dom Juan* (acte III, scène première) et de Sganarelle dans *le Médecin malgré lui* (scène première).

ont fait un petit intermède de la réception d'un médecin*,
avec des danses et de la musique; je veux que nous en pre-
nions ensemble le divertissement, et que mon frère y fasse le
85 premier personnage.

ANGÉLIQUE. — Mais, mon oncle, il me semble que vous
vous jouez un peu beaucoup de mon père.

BÉRALDE. — Mais, ma nièce, ce n'est pas tant le jouer que
s'accommoder à ses fantaisies. Tout ceci n'est qu'entre nous.
90 Nous y pouvons aussi prendre chacun un personnage, et
nous donner ainsi la comédie les uns aux autres. Le carnaval
autorise cela. Allons vite préparer toutes choses.

CLÉANTE, *à Angélique*. — Y consentez-vous?

ANGÉLIQUE. — Oui, puisque mon oncle nous conduit. (38)
(39) (40)

TROISIÈME INTERMÈDE

C'est une cérémonie burlesque d'un homme qu'on fait médecin en
récit, chant et danse.

ENTRÉE DE BALLET

Plusieurs tapissiers viennent préparer la salle et placer les bancs
en cadence. Ensuite de quoi toute l'assemblée, composée de huit porte-
seringues, six apothicaires, vingt-deux docteurs, et celui qui se fait

――――――― **QUESTIONS** ―――――――

38. Comment Molière prépare-t-il le spectateur à la « cérémonie »?
Montrez le soin qu'il prend à faire glisser la comédie vers un divertissement, dont il justifie le caractère et la nécessité.

39. SUR L'ENSEMBLE DE LA SCÈNE XIV. — Étude du dénouement : les
précautions qui l'ont préparé, sa rapidité, son intérêt.
— Comment Argan s'accommode-t-il du tourbillon dans lequel il se
trouve entraîné depuis la fuite de Béline? Est-il corrigé de sa manie?
N'est-ce pas le type de dénouement le plus fréquent chez Molière?

40. SUR L'ENSEMBLE DE L'ACTE III. — L'action : montrez qu'elle se
développe sur un rythme très différent de l'acte II, et que les efforts de
Béralde et de Toinette tendent à dénouer les difficultés créées à l'acte
précédent.
— Le rôle de Béralde et de Toinette : les deux stratagèmes imaginés
par celle-ci; lequel réussit le mieux? Pourquoi?
— Comment se complète le caractère des différents personnages,
notamment celui d'Argan? Malgré tous ses défauts, quelle qualité ne
peut-on lui refuser?

LA CÉRÉMONIE FINALE A LA COMÉDIE-FRANÇAISE

Au centre, Louis Seigner dans le rôle d'Argan.

recevoir médecin, huit chirurgiens dansants et deux chantants. Chacun
entre et prend ses places selon son rang.

PRÆSES[1]	LE PRÉSIDENT
Savantissimi doctores,	*Très savants docteurs,*
Medicinæ professores,	*Professeurs de médecine,*
Qui hic assemblati estis,	*Qui ici êtes assemblés,*
Et vos, altri messiores	*Et vous, autres messieurs,*
5 Sententiarum Facultatis	*Des décisions de la Faculté*
Fideles executores,	*Fidèles exécuteurs,*
Chirurgiani et apothicari,	*Chirurgiens et apothicaires,*
Atque tota compania aussi,	*Et toute la compagnie aussi,*
Salus, honor et argentum,	*Salut, honneur et argent,*
10 Atque bonum appetitum.	*Et bon appétit.*
Non possum, docti confreri,	*Je ne puis, savants confrères,*
En moi satis admirari	*Admirer assez en moi*
Qualis bona inventio	*Quelle belle invention*
Est medici professio;	*Est la profession de médecin;*
15 Quam bella chosa est et bene [trovata,	*Que c'est une belle chose et bien [trouvée,*
Medicina illa benedicta,	*Cette médecine bénie,*
Quæ, suo nomine solo,	*Qui, à son seul nom,*
Surprenanti miraculo,	*Par un surprenant miracle,*
Depuis si longo tempore,	*Depuis si longtemps,*
20 Facit à gogo vivere	*Fait vivre à gogo*
Tant de gens omni genere.	*Tant de gens de toute espèce.*
Per totam terram videmus	*Par toute la terre nous voyons*
Grandam vogam ubi sumus,	*Le grand renom où nous sommes,*
Et quod grandes et petiti	*Et que les grands et les petits*
25 Sunt de nobis infatuti :	*Sont entichés de nous :*
Totus mundus, currens ad nostros [remedios,	*Le monde entier accourant à nos [remèdes*
Nos regardat sicut deos,	*Nous regarde comme des dieux,*
Et nostris ordonnanciis	*Et par nos ordonnances*
Principes et reges soumissos [videtis.	*Vous voyez soumis les princes et [les rois.*
30 Donque il est nostræ sapientiæ,	*Donc, il est de notre sagesse,*
Boni sensus atque prudentiæ,	*De notre bon sens et de notre [habileté,*
De fortemente travaillare	*De fortement travailler*

---

1. Le Président. Molière use ici d'un procédé burlesque familier au théâtre italien : le latin de fantaisie ou macaronique. Mais il lui prête une force comique singulière en suivant d'assez près le plan des discours d'apparat dans les cérémonies analogues : formule de bienvenue, éloge de la médecine en général et de la faculté de Paris en particulier, indication du but de la réunion, exhortation sur les devoirs des médecins.

A nos bene conservare	*A nous bien conserver*
In tali credito, voga et honore,	*En un tel crédit, une telle vogue et* [*un tel honneur,*
35 Et prendere gardam à non recevere	*Et de prendre garde à ne recevoir*
In nostro docto corpore	*En notre corps savant*
Quam personas capabiles,	*Que des personnes capables,*
Et totas dignas remplire	*Et toutes dignes de remplir*
Has plaças honorabiles.	*Ces places honorables.*
40 C'est pour cela que nunc [convocati estis,	*C'est pour cela que vous êtes* [*convoqués maintenant,*
Et credo quod trovabitis	*Et je crois que vous trouverez*
Dignam materiam medici	*Une matière digne d'un médecin*
In savanti homine que voici,	*Dans le savant homme que voici,*
Lequel, in chosis omnibus,	*Lequel, en toutes choses,*
45 Dono ad interrogandum	*Je donne à interroger*
Et à fond examinandum	*Et à examiner à fond*
Vostris capacitatibus.	*Par vos capacités.*

PRIMUS DOCTOR — PREMIER DOCTEUR

Si mihi licentiam dat dominus [præses,	*Si Monsieur le Président m'en* [*donne permission,*
Et tanti docti doctores,	*Et aussi tant de savants docteurs,*
50 Et assistantes illustres,	*Et d'assistants illustres,*
Très savanti bacheliero,	*Au très savant bachelier*
Quem estimo et honoro,	*Que j'aime et honore,*
Domandabo causam est rationem [quare	*Je demanderai la cause et la raison* [*pour lesquelles*
Opium facit dormire.	*L'opium fait dormir.*

BACHELIERUS — LE BACHELIER

55 Mihi a docto doctore	*A moi, par ce savant docteur,*
Domandatur causam et rationem [quare	*Il est demandé la cause et la raison* [*pour lesquelles*
Opium facit dormire?	*L'opium fait dormir?*
A quoi respondeo	*A quoi je réponds :*
Quia est in eo	*Parce qu'il y a en lui*
60 Virtus dormitiva,	*Une vertu dormitive,*
Cujus est natura	*Dont la nature est*
Sensus assoupire.	*D'assoupir les sens.*

CHORUS — LE CHŒUR

Bene, bene, bene, bene [respondere :	*C'est répondre bien, bien, bien,* [*bien :*
Dignus, dignus est intrare	*Il est digne, digne d'entrer*
65 In nostro docto corpore.	*Dans notre corps savant*
Bene, bene respondere.	*C'est répondre bien, bien.*

SECUNDUS DOCTOR

Cum permissione domini præsidis,

Doctissimæ Facultatis,
Et totius his nostris actis
70 Companiæ assistantis,
Domandabo tibi, docte bacheliere,
Quæ sunt remedia,
Quæ in maladia
Dite hydropisia
75 Convenit facere.

BACHELIERUS

Clysterium donare,
Postea seignare,
Ensuita purgare.

CHORUS

Bene, bene, bene, bene
[respondere :
80 Dignus, dignus est intrare
In nostro docto corpore.

TERTIUS DOCTOR

Si bonum semblatur domino
[præsidi,
Doctissimæ Facultati
Et companiæ præsenti,
85 Domandabo tibi, docte bacheliere,
Quæ remedia eticis,
Pulmonicis atque asmaticis,
Trovas à propos facere.

BACHELIERUS

Clysterium donare,
90 Postea seignare,
Ensuita purgare.

CHORUS

Bene, bene, bene, bene
[respondere :
Dignus, dignus est intrare
In nostro docto corpore.

QUARTUS DOCTOR

95 Super illas maladias,
Doctus bachelierus dixit
[maravillas,

SECOND DOCTEUR

Avec la permission de Monsieur le
[Président,
Et de la très savante Faculté,
Et de toute la compagnie
Prenant part à nos travaux,
Je te demanderai, savant bachelier,
Quels sont les remèdes
Que dans la maladie
Dite hydropisie
Il convient d'appliquer.

LE BACHELIER

Donner le clystère,
Ensuite saigner,
Et puis purger.

LE CHŒUR

C'est répondre bien, bien, bien,
[bien :
Il est digne, digne d'entrer
Dans notre corps savant.

TROISIÈME DOCTEUR

S'il semble bon à Monsieur le
[Président,
A la très savante Faculté
Et à la compagnie présente,
Je te demanderai, savant bachelier,
Quels remèdes aux fiévreux,
Aux pulmonaires et asthmatiques,
Tu trouves à propos de prescrire.

LE BACHELIER

Donner le clystère,
Ensuite saigner,
Et puis purger.

LE CHŒUR

C'est répondre bien, bien, bien,
[bien :
Il est digne, digne d'entrer
Dans notre corps savant.

QUATRIÈME DOCTEUR

Sur ces maladies,
Le savant bachelier a dit des
[merveilles.

Mais, si non ennuyo dominum
     [præsidem,
Doctissimam Facultatem,
Et totam honorabilem
100 Companiam ecoutantem,
Faciam illi unam questionem :
De hiero maladus unus
Tombavit in meas manus;
Habet grandam fievram cum
     [redoublamentis,
105 Grandam dolorem capitis,
Et grandum malum au costé,
Cum granda difficultate
Et pena de respirare.
Veillas mihi dire,
110 Docte bacheliere,
Quid illi facere?

Mais si je n'ennuie ni Monsieur le
     [Président,
Ni la très savante Faculté,
Ni toute l'honorable
Compagnie qui écoute,
Je lui ferai une seule question :
Hier un malade
Tomba entre mes mains ;
Il a grande fièvre avec redou-
     [blement,
Grande douleur à la tête,
Et grand mal au côté,
Avec grande difficulté
Et peine pour respirer.
Voudrais-tu me dire,
Savant bachelier,
Que lui faire?

BACHELIERUS

LE BACHELIER

Clysterium donare,
Postea seignare,
Ensuita purgare.

Donner le clystère,
Ensuite saigner,
Et puis purger.

QUINTUS DOCTOR

CINQUIÈME DOCTEUR

115 Mais si maladia,
Opiniatria,
Non vult se guarire,
Quid illi facere?

Mais si la maladie,
Opiniâtre,
Ne veut se guérir,
Que lui faire?

BACHELIERUS

LE BACHELIER

Clysterium donare,
120 Postea seignare,
Ensuita purgare,
Reseignare, repurgare et
     [reclysterisare.

Donner un clystère,
Ensuite saigner,
Et puis purger,
Resaigner, repurger et redonner
     [un clystère.

CHORUS

LE CHŒUR

Bene, bene, bene, bene
     [respondere :
Dignus, dignus est intrare
125 In nostro docto corpore.

C'est répondre bien, bien, bien,
     [bien :
Il est digne, digne d'entrer
Dans notre corps savant.

PRÆSES

LE PRÉSIDENT

Juras gardare statuta
Per Facultatem præscripta,
Cum sensu et jugeamento?

Jures-tu de garder les statuts
Prescrits par la Faculté,
Avec intelligence et jugement?

BACHELIERUS

LE BACHELIER

Juro.

Je le jure.

PRÆSES	LE PRÉSIDENT
130 Essere in omnibus	D'être dans toutes
Consultationibus	Les consultations
Ancieni aviso,	De l'avis d'un ancien,
Aut bono,	Qu'il soit bon,
Aut mauvaiso?	Ou mauvais?

BACHELIERUS	LE BACHELIER
135 Juro.	Je le jure.

PRÆSES	LE PRÉSIDENT
De non jamais te servire	De ne jamais te servir
De remediis aucunis,	D'aucun remède
Quam de ceux seulement doctæ [Facultatis;	Que de ceux seulement de la [savante Faculté;
Maladus dût-il crevare	Le malade dût-il crever
140 Et mori de suo malo[1]?	Et mourir de son propre mal?

BACHELIERUS	LE BACHELIER
Juro[2].	Je le jure.

PRÆSES	LE PRÉSIDENT
Ego, com isto boneto	Moi, avec ce bonnet
Venerabili et docto,	Vénérable et docte,
Dono tibi et concedo	Je te donne et te concède
145 Virtutem et puissanciam	Le pouvoir et la puissance
Medicandi,	De médiciner,
Purgandis,	De purger,
Seignandi,	De saigner,
Perçandi,	De percer,
150 Taillandi,	De tailler,
Coupandi,	De couper,
Et occidendi	Et de tuer
Impune per totam terram[3].	Impunément à travers toute la [terre.

ENTRÉE DE BALLET

Tous les chirurgiens et apothicaires viennent lui faire la révérence en cadence.

BACHELIERUS	LE BACHELIER
Grandes doctores doctrinæ,	Grands docteurs de doctrine,

---

1. C'est exactement l'esprit des engagements que doit prendre le candidat, mais non la lettre évidemment, car Molière veut souligner l'absurdité de ces principes; 2. C'est sur cette réplique que Molière fut pris d'un crachement de sang qu'il dissimula dans une grimace comique; 3. Ici encore, Molière parodie la formule authentique d'intronisation en développant plaisamment la formule officielle : *Do tibi licentiam legendi, interpretendi et faciendi medicinam hic et ubique terrarum.*

De la rhubarbe et du séné,
Ce serait sans doute à moi chosa
[folla,
Inepta et ridicula,
5 Si j'alloibam m'engageare
Vobis louangeas donare,
Et entreprenoibam adjoutare
Des lumieras au soleillo
Et des etoilas au cielo,
10 Des ondas à l'Oceano
Et des rosas au printanno;
Agreate qu'avec uno moto,
Pro toto remercimento,
Rendam gratiam corpori tam
[docto.
15 Vobis, vobis debeo
Bien plus qu'à naturæ et qu'à
[patri meo[1] :
Natura et pater meus
Hominem me habent factum;
Mais vos me, ce qui est bien plus,
20 Avetis factum medicum.
Honor, favor, et gratia,

Qui in hoc corde que voilà,
Imprimant ressentimenta
Qui dureront in sæcula.

De la rhubarbe et du séné,
Ce serait sans doute à moi chose
[folle,
Inepte et ridicule,
Si j'allais m'engager
A vous donner des louanges,
Et si j'entreprenais d'ajouter
Des lumières au soleil
Et des étoiles au ciel,
Des ondes à l'Océan
Et des roses au printemps;
Souffrez qu'avec émotion,
Pour tout remerciement,
Je rende grâce à un corps si
[savant.
A vous, à vous je dois,
Bien plus qu'à la nature et qu'à
[mon propre père :
La nature et mon père
Ont fait de moi un homme;
Mais vous, ce qui est bien plus,
Vous avez fait de moi un médecin.
C'est un honneur, une faveur et
[une grâce
Qui, dans ce cœur que voilà,
Impriment des sentiments
Qui dureront au long des siècles.

CHORUS

25 Vivat, vivat, vivat, cent fois vivat,
Novius doctor, qui tam bene parlat!
Mille, mille annis, et manget,
[et bibat,
Et seignet, et tuat!

LE CHŒUR

Vivat, vivat, vivat, cent fois vivat,
Nouveau docteur, qui parle si bien!
Que durant mille et mille ans il
[mange, et boive,
Et saigne, et tue!

ENTRÉE DE BALLET

Tous les chirurgiens et les apothicaires dansent au son des instruments et des voix, et des battements de mains, et des mortiers d'apothicaires.

CHIRURGUS

Puisse-t-il voir doctas
Suas ordonnancias

LE CHIRURGIEN

Puisse-t-il voir
Ses doctes ordonnances

---

1. On reconnaît ici le style et les idées de Thomas Diafoirus, dont le « bachelier » Argan semble se souvenir.

Omnium chirurgorum
Et apothiquarum
5 Remplire boutiquas!

Et tous les chirurgiens
Et apothicaires
Remplir les boutiques!

CHORUS

Vivat, vivat, vivat, cent fois vivat,
Novius doctor, qui tam bene
[parlat!

Mille, mille annis, et manget,
[et bibat,
Et seignet, et tuat!

LE CHŒUR

Vivat, vivat, vivat, cent fois vivat,
Nouveau docteur, qui parle si bien!

Que durant mille et mille ans il
[*mange, et boive,*
Et saigne et tue!

CHIRURGUS

10 Puissent toti anni
Lui essere boni
Et favorabiles,
Et n'habere jamais
Quam pesta, verolas,
15 Fievras, pluresias,
Fluxus de sang et dyssenterias.

LE CHIRURGIEN

Puissent toutes ces années
Lui être bonnes
Et favorables,
Et puisse-t-il n'avoir jamais
Que des pestes, des véroles,
Des fièvres, des pleurésies,
Des flux de sang et des dysenteries.

CHORUS

Vivat, vivat, vivat, vivat, cent fois
[vivat,
Novius doctor, qui tam bene
[parlat!
Mille, mille annis, et manget,
[et bibat,
20 Et seignet, et tuat!

LE CHŒUR

Vivat, vivat, vivat, vivat, cent fois
[*vivat,*
Nouveau docteur, qui parle si bien!

Que durant mille et mille ans il
[*mange, et boive,*
Et saigne, et tue!

DERNIÈRE ENTRÉE DE BALLET

Des médecins, des chirurgiens et des apothicaires, qui sortent tous,
selon leur rang en cérémonie, comme ils sont entrés. (41)

───────── QUESTIONS ─────────

41. SUR LA « CÉRÉMONIE ». — Les différents procédés comiques. Quel
effet produit en particulier l'usage du latin macaronique?

— Les intentions satiriques.

— La transposition à la scène des données réelles (voir la Documentation
thématique du *Médecin malgré lui*, en 1.2 et en 2.1. B.).

— Comparez la « cérémonie » turque du *Bourgeois gentilhomme* et la
« cérémonie » du *Malade imaginaire*.

— Essayez de définir la musique que vous aimeriez entendre pour
cette « cérémonie ». Quelles en seraient, selon les moments et les personnages, les différentes caractéristiques?

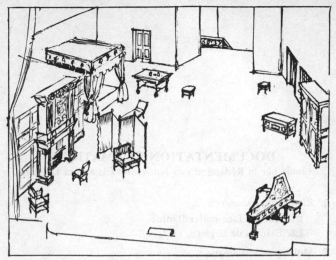

Décor de Jacques Arnavon.

MISE EN SCÈNE DU « MALADE IMAGINAIRE »

Décor de Pierre Valde.

DOCUMENTATION THÉMATIQUE

réunie par la Rédaction des Nouveaux Classiques Larousse.

1. ÉLOMIRE HYPOCONDRE
OU LES MÉDECINS VENGÉS
par Le Boulanger de Chalussay.

Publiée à Paris, chez Charles de Sercy, en 1670, cette comédie est en fait d'un anonyme qui a préféré demeurer caché derrière un nom d'emprunt. C'est un bon exemple de ce que la jalousie et la haine ont pu dicter aux adversaires de Molière, attaquant non seulement l'auteur, mais encore l'homme privé et le comédien-directeur de troupe.

1.1. UNE PRÉFACE MALVEILLANTE

Tous les curieux savent qu'Elomire, voulant exceller dans le comique et surpasser tous les plus habiles en ce genre d'écrire, a eu dessein d'imiter cet Amour de la fable, qui, ayant inutilement décoché ses flèches et lancé tous ses traits dans le cœur d'une belle difficile à vaincre, s'y lança lui-même pour n'y plus trouver de résistance. Car il est constant que tous ces portraits, qu'il a exposés en vue à toute la France, n'ayant pas eu une approbation générale comme il pensait, et, au contraire, ceux qu'il estimait le plus ayant été frondés en bien des choses par la plupart des plus habiles, dont il a rejeté la cause sur les originaux qu'il avait copiés, il s'est enfin résolu de faire le sien, et de l'exposer en public, ne doutant point qu'un tel chef-d'œuvre ne dût charmer toute la Terre. Il a donc fait son portrait, cet illustre peintre, et il a même promis plus d'une fois de l'exposer en vue, et sur le même théâtre où il avait exposé les autres; car il y a longtemps qu'il a dit, en particulier et en public qu'il s'allait jouer lui-même et que ce serait là que l'on verrait un coup de maître de sa façon. J'attendais avec impatience, et comme les autres curieux, un spectacle si extraordinaire et si souhaité, lorsque j'ai appris que, pour des raisons qui ne me sont pas connues, mais que je pourrais deviner, ce fameux peintre a passé l'éponge sur ce tableau; qu'il en a effacé tous les admirables traits; et qu'on n'attend plus la vue de ce portrait qu'inutilement. J'avoue que cette nouvelle m'a surpris et qu'elle m'a été sensible; car je m'étais formé une si agréable idée de ce portrait fait d'après nature, et par un si grand ouvrier, que j'en espérais beaucoup de plaisir; mais enfin j'ai fait comme les autres, je me suis consolé d'une si grande perte, et, afin de le faire plus aisément, j'ai ramassé toutes ces idées dont j'avais formé ce portrait dans mon imagination, et j'en ai fait celui que je donne au public. Si Elomire le trouve trop au-dessous de celui qu'il avait fait, et qu'une telle copie défigure un si grand original, il lui sera facile de tirer raison de ma témérité puisqu'il n'aura qu'à refaire ce portrait effacé, et à le mettre au jour. S'il fait ainsi, le public m'aura beaucoup d'obligation par le plaisir que je lui aurai procuré ; et s'il ne le fait pas, il ne laissera pas de m'en avoir un peu, puisque la copie d'un merveilleux original perdu n'est pas une chose peu curieuse. [...]

Dans cet extrait de la Préface, on cherchera les traits de mauvaise foi, les allusions aux comédies antérieures de Molière et aux remous qu'elles avaient suscités. On cherchera aussi comment ce texte a pu donner à l'auteur le point de départ de sa comédie du *Malade imaginaire*.

1.2. EXTRAITS DE LA PIÈCE

ACTE PREMIER

Scène première.

La scène de cet acte est dans la chambre d'Élomire, qui doit être fort parée.

ÉLOMIRE, ISABELLE, LAZARILE

ÉLOMIRE

Toi qui depuis l'hymen qui nous unit tous deux
N'eus que d'heureuses nuits, et que des jours heureux ;
Toi qui fus mon plaisir, toi dont je fus la joie,
Apprends le dur revers que le ciel nous envoie :
Et pour me soulager en de si grands travaux,
Compagne de mes biens, viens l'être de mes maux.

ISABELLE

Quel mal avez-vous donc ?

ÉLOMIRE

Ah ! j'en ai mille ensemble.

ISABELLE

Quels maux ? et depuis quand ? dites vite, je tremble.

ÉLOMIRE

N'as-tu point remarqué que depuis quelque temps
Je tousse, et ne dors point ?

ISABELLE

Non.

ÉLOMIRE

Je crois que tu mens.
Et ce frais embonpoint dont brillait mon visage,
Comment le trouves-tu?

ISABELLE

Tout de même.

ÉLOMIRE

Je gage
Contre toi qu'il s'en faut pour le moins les trois quarts.

ISABELLE, *à part.*

Que dit-il, justes dieux! ah! les vilains regards!
Il est fou.

ÉLOMIRE

Lazarile, ai-je pas le teint blême?

LAZARILE

Oui, Monsieur.

ÉLOMIRE

Le miroir me l'a dit tout de même;
Et ces bras qui naguère étaient de vrais gigots,
Comment les trouves-tu?

LAZARILE

Ce ne sont que des os,
Et je crois que bientôt, plus secs que vieux squelettes,
On s'en pourra servir au lieu de castagnettes.

ISABELLE

Lazarile.

LAZARILE

Madame?

ISABELLE

Apprenez qu'un valet
Qui se moque d'un maître, a souvent du balai,
Et si vous ne voulez proscrire vos épaules,
Taisez-vous, et sachez que nous avons des gaules :
Quoi! votre maître est maigre, et pâle, dites-vous?

LAZARILE

S'il n'est tel à mes yeux, qu'on m'assomme de coups.

ISABELLE

Est-il tel à vos yeux, s'il est autre à ma vue?

LE MALADE IMAGINAIRE

6

ÉLOMIRE

Mais, ma femme, peut-être avez-vous la berlue ?
Car, enfin, Lazarile...

ISABELLE

Et Lazarile et vous,
Si vous vous croyez maigre et pâle, êtes deux fous :
Vous dormez comme un porc, vous mangez tout de même ;
Qui diantre donc pourrait vous rendre maigre et blême ?

ÉLOMIRE

J'aurai donc la couleur telle que tu voudras ;
Et même si tu veux, je serai gros et gras :
Mais que m'importe-t-il, je me crois bien malade,
Et qui croit l'être, l'est.

ISABELLE

Mais qui se persuade
D'être malade alors qu'il est sain comme vous,
Est dans le grand chemin de l'hôpital des fous.

LAZARILE

Madame dit fort bien ; et si je ne m'abuse,
Il faudra nous y mettre...

ÉLOMIRE

O la plaisante buse !
Quand, comme il vous paraît, j'aurais l'esprit gâté,
Est-ce que l'on met là les fous de qualité ?
Y vit-on de la Cour jamais mener personne ?

LAZARILE

Mon maître n'est pas fou, comment diable il raisonne ?
Il dit vrai, j'en connais à la Cour plus de six,
Qui sont plus fous que lui.

ÉLOMIRE

J'en connais plus de dix ;
Et je les nommerais, s'il était nécessaire,

ISABELLE

Ah ! mon cher Elomire, apprenez à vous taire ;
Je connais votre mal : pour avoir trop parlé,
Quelque ennemi vous a, sans doute, ensorcelé.

ÉLOMIRE

Comment, ensorcelé ? je suis donc sans remède ?

ISABELLE

Qui vous a fait le mal, vous peut donner de l'aide.

LAZARILE

Oui, bien si le morceau n'est donné pour toujours :
Car autrement, mon maître est sans aucun secours.

ÉLOMIRE

Mais quand ce sorcier-là pourrait m'être propice,
Comment le voudrait-il, s'il eut tant de malice ?

LAZARILE

S'il était honnête homme ?

ÉLOMIRE

Honnête homme, et sorcier ?

LAZARILE

Il est d'honnêtes gens, Monsieur, de tout métier ;
Comme de tout métier, il en est aussi d'autres.

ÉLOMIRE

Mais, s'il est contre nous, peut-il être des nôtres ?

LAZARILE

On ramène souvent les gens au bon chemin ;
Et je vous en réponds, s'il n'est pas médecin :
Mais s'il est tel, ma foi, l'attente est ridicule.
Je n'en connais pas un moins têtu que sa mule.

ÉLOMIRE

Ah ! je suis donc perdu, Lazarile.

LAZARILE

Pourquoi ?

ÉLOMIRE

C'en est un ; qu'en dis-tu, ma femme ?

ISABELLE

Je le crois :
Mais pourquoi diantre aussi, vous mîtes-vous en tête
De jouer ces gens-là ?

ÉLOMIRE

Que veux-tu ? j'étais bête :
Mais quoi ! j'ai fait la faute, et je la paie bien.

LAZARILE

Bon courage, Monsieur ; peut-être n'est-ce rien.
L'on voit beaucoup de gens prendre pour sortilège
Ce qui n'est que poison.

ÉLOMIRE

Mais comment le saurais-je?

LAZARILE

Vous en allez bientôt être tout éclairci;
L'Orviétan et Bary s'en vont venir ici :
Je les en ai priés ce matin par votre ordre;
Si ceux-là n'y font rien, personne n'y peut mordre!

ÉLOMIRE

Je le sais mieux que toi, nous avons autrefois
Étudié sous eux, et des jours plus de trois :
Et sans eux, ce talent que j'ai pour le comique,
Ce talent dont je charme, et dont je fais la nique
Aux plus fameux bouffons, eût avant le berceau,
En malheureux mort-né, rencontré son tombeau.

ISABELLE

Le Ciel l'eût-il permis!

ÉLOMIRE

Mais, ma chère Isabelle,
Sans lui nous verrions-nous une chambre si belle?
Ces meubles précieux sous de si beaux lambris;
Ces lustres éclatants, ces cabinets de prix;
Ces miroirs, ces tableaux, cette tapisserie,
Qui seule épuisa l'art de la Savonnerie :
Enfin, tous ces bijoux qui te charment les yeux,
Sans ce divin talent seraient-ils en ces lieux?

ISABELLE

Non, ils n'y seraient pas, mais nous vous verrions sage,
Et cela suffirait dans notre mariage :
Car enfin, dites-moi, sans ces maudits talents,
Auriez-vous entrepris et les dieux et les gens?
Et sans cette entreprise, aussi sotte qu'impie,
Auriez-vous ces accès qui passent la folie?

ÉLOMIRE

Je n'entrepris de trop que les seuls médecins,
Puisque pour s'en venger ils sont mes assassins :
Mais qui ne l'eût pas fait en une conjoncture
Où nous vîmes leur art berné par la nature,
Lorsque sans son secours, que même il n'offrait pas,
Elle tira Daphné des portes du trépas?

Scènes II et III.

L'Orviétan et Bary entrent donc. Ces deux personnages, qui ne sont point imaginaires, étaient bien connus du public, l'un, sous son surnom, l'autre, sous son nom propre. C'étaient deux « opérateurs », c'est-à-dire deux de ces praticiens qui non seulement exerçaient sur la voie publique leurs talents d'arracheurs de dents, mais vantaient aux badauds les vertus de baumes et de drogues capables de guérir tous les maux. Après les compliments d'usage, on discute pour savoir s'il faut appeler Élomire fou ou bouffon, puis on en vient à l'objet de la consultation.

BARY

Quel est donc votre mal ?

ÉLOMIRE

Il est tel, mes amis,
Que sans vous je suis mort, et peut-être encor pis.

BARY

Et peut-être encor pis ? la mort est, ce me semble,
Le suc et le pressis de tous les maux ensemble :
On remédie à tout, dit-on, fors qu'à la mort.

ÉLOMIRE

Il est vrai ; sachez donc enfin quel est mon sort.
Mon *Amour médecin,* cette illustre satyre
Qui plut tant à la Cour, et qui la fit tant rire
Ce chef-d'œuvre qui fut le fléau des médecins,
Me fit des ennemis de tous ces assassins,
Et du depuis, leur haine, à ma perte obstinée,
A toujours conspiré contre ma destinée.

BARY

Ce n'est pas sans sujet qu'on dit à ce propos
Plures Medecinam nutrice nefandos.

ÉLOMIRE

Ce n'est pas sans sujet en effet, car moi-même
J'éprouve chaque jour cette malice extrême :
Écoutez. L'un d'entre eux, dont je tiens ma maison,
Sans vouloir m'alléguer prétexte ni raison,
Dit qu'il veut que j'en sorte, et me le signifie,
Mais n'en pouvant sortir ainsi, sans infamie,
Et d'ailleurs ne voulant m'éloigner du quartier,
Je pare cette insulte augmentant mon loyer.

Dieu sait si cette dent que mon hôte m'arrache,
Excite mon courroux, toutefois je le cache ;
Mais quelque temps après que tout fut terminé,
Quand mon bail fut refait, quand nous l'eûmes signé,
Je cherche à me venger, et ma bonne fortune
M'en fait trouver d'abord la rencontre opportune :
Nous avions résolu, mes compagnons et moi,
De ne jouer jamais, excepté chez le Roi,
Devant ce médecin, ni devant sa séquelle :
Pourtant, soit à dessein de nous faire querelle,
Soit par d'autres motifs, la femme de ce fat
Vint pour nous voir jouer, mais elle prit un rat :
Car la mienne aussitôt, en étant avertie,
Lui fit danser d'abord un branle de sortie.
Comme alors je croyais que tout m'était permis,
Je négligeai d'en dire un mot à mes amis.
Las ! j'aurais prévenu par là, ce que ce hère,
Pour venger cet affront, ne manqua pas de faire.
Je fis donc ce faux pas ; tandis ce raffiné
Prévint toute la Cour dont je me vis berné.
Car par un dur arrêt, qui fut irrévocable,
On nous ordonna presque une amende honorable.
Je vais, je viens, je cours, mais j'ai beau tempêter,
On me ferme la bouche, et loin de m'écouter,
Taisez-vous, me dit-on, petit vendeur de baume,
Et croyez qu'Esculape est plus grand dieu que Mome.
Après ce coup de foudre, il fallut tout souffrir ;
Ma femme en enragea, je faillis d'en mourir ;
Et ce qui fut le pis, pendant ma maladie,
Fallut de mes bourreaux souffrir la tyrannie.
Ma femme les manda, sans m'en rien témoigner.
D'abord qu'ils m'eurent vus, *faut saigner, faut saigner,*
Dit notre bredouilleur. *Ah ! n'allons pas si vite,*
L'on part toujours à temps, quand on arrive au gîte,
Dit Monsieur le lambin. *C'est là bien décider,*
Dit un autre, *il ne faut ni saigner ni tarder,*
Si l'on tarde, il est mort, si l'on saigne, hydropique.
Et notre peu d'espoir n'est plus qu'en l'émétique ;
Chacun des trois s'obstine, et soutient son avis.
Et tous trois, tour à tour, enfin furent suivis :
L'on saigna, l'on tarda, l'on donna l'émétique,
Et je fus fort longtemps leur plus grande pratique.
A la fin je guéris, mais s'il faut l'avouer,
Ce fut par le plaisir que j'eus de voir jouer
Mon *Amour médecin,* par mes médecins mêmes ;
Car malgré mes chagrins et mes douleurs extrêmes,

J'admirai ma copie en ces originaux,
Et je tirai mon mal d'où j'avais pris mes maux.

BARY

C'est ainsi qu'un miracle en a produit un autre.

ÉLOMIRE

Si j'ai fait mon miracle, il faut faire le vôtre :

BARY

Nous vous l'avons promis non pas *semel*, mais *bis*.
Mais baste ! *Operibus cridito, non verbis.*

L'ORVIÉTAN

Res faciunt fidem, non verba, dit Flamine.

ÉLOMIRE

Soit, voilà de mes maux la première origine ;
Écoutez la seconde. Aussitôt que mon cœur
Eut repris tant soit peu de force et de vigueur,
Et que de mon esprit la fâcheuse pensée
Des suites de la mort se fût un peu passée,
Je pris tant de plaisir à voir tous les matins,
Mes grotesques docteurs prêcher sur mes bassins,
Et humer à plein nez leur fumante purée,
Que de ma guérison j'ai la preuve assurée ;
Car ma force redouble, et je deviens plus frais,
Et plus gros et plus gras que je ne fus jamais.
Lors je monte au théâtre, où, par de nouveaux charmes,
Mon *Amour médecin* fait rire jusqu'aux larmes,
Car, en le confrontant à ses originaux,
Je l'avais corrigé jusqu'aux moindres défauts.
Ainsi, d'un nouveau bruit cette merveille éclate ;
Chacun y court en foule épanouir sa rate ;
Et quoi qu'à trente sols il n'est point de bourgeois
Qui ne le veuille voir, du moins cinq ou six fois.
Jugez, mes chers amis, si je ris dans ma barbe,
De voir ainsi dauber la casse et la rhubarbe ;
Et si, voyant grossir chaque jour mon gousset
De ce douzain bourgeois, j'ai le cœur satisfait.
Je l'eus, n'en doutez point, et de toute manière ;
Mais que la joie est courte, alors qu'elle est entière,
Et qu'on voit rarement, du soir jusqu'au matin,
Durer sans changement le cours d'un beau destin !
Je vivais donc ainsi dans une paix profonde ;
Plus heureux que mortel qui fut jamais au monde,
Quand un soir, revenant du théâtre chez moi,

Un fantôme hideux, que de loin j'entrevois,
Se plante sur ma porte et bouche mon allée :
Je n'en fais point le fin, mon âme en fut troublée ;
Et troublée à tel point, qu'étant tombé d'abord
On ne me releva que comme un homme mort.
Je revins ; mais hélas ! depuis cette aventure,
J'ai souffert plus de maux qu'un damné n'en endure ;
Et sans exagérer je vous puis dire aussi
Qu'homme n'a plus que moi de peine et de souci.
Vous en voyez l'effet de cette peine extrême,
En ces yeux enfoncés, en ce visage blême ;
En ce corps qui n'a plus presque rien de vivant,
Et qui n'est presque plus qu'un squelette mouvant.

BARY

Où souffrez-vous le plus, au fort de ces tortures ?

ÉLOMIRE

Partout également, jusque dans les jointures :
Mais ce qui plus m'alarme, encor qu'il le dût moins,
C'est une grosse toux, avec mille tintoins.
Dont l'oreille me corne.

BARY

        O les grandes merveilles !
Les cornes sont toujours fort proches des oreilles.

On passe ainsi à des allusions aux malheurs conjugaux d'Élomire
(thème familier aux ennemis de Molière), ce qui provoque la fureur
d'Élomire. Les opérateurs ayant échoué, Lazarile promet à son
maître qu'il pourra consulter incognito de vrais médecins.

ACTE II

Élomire, déguisé en Turc, sous le nom du Bassa Ségale, attend
trois médecins, Alcandre, Géraste et Épisténès, qui apparaissent
enfin.

Scène VI.

ALCANDRE, GÉRASTE, ÉPISTÉNÈS, ÉLOMIRE, LAZARILE

ÉLOMIRE, *ayant fait asseoir les médecins à ses côtés.*

Votre gloire, Messieurs, doit être sans seconde,
Qu'un homme tel que moi vienne du bout du monde,
Et même du plus beau de tous ses bouts divers,
Chercher ce qu'en vous seuls on trouve en l'Univers ;
C'est-à-dire, un remède à des maux incurables.

ALCANDRE

Nous ne guérissons point, Seigneur, de maux semblables,
Et si les tiens sont tels, il n'était pas besoin
Que ta Hautesse vînt nous chercher de si loin.

ÉLOMIRE

Si je les nomme ainsi, c'est que je les mesure
Aux cuisantes douleurs que sans cesse j'endure :
Car en comparaison de ces vives douleurs,
Tous les maux des enfers ne sont rien que des fleurs.

GÉRASTE

Quels que soient ces grands maux, si l'art et la nature
Y peuvent quelque chose, on en verra la cure ;
Car nous te pouvons dire ici, sans vanité,
Que tu vois en nous trois toute la Faculté ;
C'est-à-dire, en un mot, tout le savoir du monde,
Touchant notre science et sublime et profonde.
Mais, Seigneur, je m'étonne, et non pas sans raison,
Qu'ayant été nourri loin de notre horizon,
Tu nous parles français, et mieux qu'un Français même.

ÉLOMIRE

J'en ferais tout autant, si j'étais en Bohême,
En Pologne, en Suède, en Prusse, en Danemark,
A Venise, au milieu de la place Saint-Marc,
En Espagne, en Savoie, en Suisse, en Angleterre ;
Enfin, dans tous les lieux qu'on habite sur terre.

ALCANDRE, *à mi-voix.*

Voilà de la monnaie à duper bien des gens.

ÉLOMIRE, *bas à Lazarile.*

Ils m'appellent trompeur.

LAZARILE, *bas à Élomire.*

St, st.

ÉLOMIRE, *bas.*

Ah ! je t'entends :
Messieurs, revenons donc à notre maladie.

ALCANDRE

Est-ce la lèpre ?

ÉLOMIRE

Non.

GÉRASTE

Quoi donc, l'épilepsie ?
Ces maux-là sont communs, dit-on, dans le Levant.

ÉLOMIRE

Quelque communs qu'ils soient, j'en suis pourtant exempt :
Grâce au Ciel je suis net, et jamais je ne tombe.

ALCANDRE

Dis-nous donc sous quel mal ta Hautesse succombe ?
Car, excepté ceux-là, je n'en connus jamais
Aucun qui méritât les plaintes que tu fais :
Car tous ces autres maux, comme goutte et gravelle,
Nous les traitons ici de pure bagatelle ;
Et si quelqu'un de nous ne les guérissait pas,
En moins de quatre jours, on n'en ferait nul cas !

ÉLOMIRE

Tous ces maux-là chez nous sont pourtant incurables.

ALCANDRE

Vraiment vos médecins sont donc bien peu capables,
Et j'avoue à présent, que c'est avec raison
Que ta Hautesse cherche ailleurs sa guérison.

Alcandre et Géraste prennent chacun un bras d'Élomire, et lui
tâtent le pouls.

Çà donc, un peu le bras ; ce pouls n'est pas trop juste :
    (*Parlant à Géraste*)
Monsieur, qu'en dites-vous ?

GÉRASTE

Là, là.

ALCANDRE

D'un sang aduste
Proviennent quelquefois ces inégalités
Ne nous y trompons pas.

GÉRASTE

Ho, ho, Monsieur, tâtez ;
Cette inégalité paraît bien davantage.
    Élomire pâlit de peur à ces mots.

ALCANDRE

En effet, je la vois jusque sur son visage :
Il était tout à l'heure et vif et coloré,
Et je le vois tout pâle, et tout défiguré.

GÉRASTE

Ta Hautesse sent-elle au fond de ses entrailles
De nouvelles douleurs?

ÉLOMIRE, *interdit de peur.*

Oui, non.

GÉRASTE

Tu nous railles.

ÉLOMIRE

Non, je ne raille point.

ALCANDRE

Dis donc, que ressens-tu
As-tu plus de douleurs, es-tu plus abattu?

ÉLOMIRE, *interdit de plus en plus.*

Oui, non; je ne sais.

GÉRASTE, *à Alcandre.*

Quelque accès qui redouble
Vient d'émouvoir sa bile, et c'est ce qui le trouble.

ÉLOMIRE, *tout transi de peur.*

Ah! je me meurs!

ALCANDRE

Seigneur, parle donc, réponds-nous.

GÉRASTE

Courage, ce n'est rien, je retrouve son pouls.

ALCANDRE

En effet, je le sens, et fort ferme et fort juste :
Voyez même son teint, et comme il se rajuste.

ÉLOMIRE, *reprenant cœur à ces paroles.*

Vous dites vrai, Messieurs, je me porte bien mieux.

GÉRASTE, *à Alcandre.*

Ce symptôme dénote un corps bien bilieux.

ALCANDRE, *à Géraste.*

Vous croyez donc, Monsieur, qu'il vienne de la bile?

GÉRASTE

Oui vraiment, il en vient, et de la plus subtile.

ALCANDRE

S'il venait de la bile, il aurait plus duré,
Et même son esprit se serait égaré.

GÉRASTE

Ne l'a-t-il pas été ? ces oui, non...

ÉLOMIRE, *d'un ton menaçant.*

Messieurs, trêve
D'égarement.

LAZARILE, *bas à Élomire.*

St, st.

ÉLOMIRE, *bas à Lazarile.*

Lazarile, je crève :
Ils m'ont fait tant de peur que j'ai pensé mourir,
Et me traitent de fou.

LAZARILE, *bas.*

Songez à vous guérir ;
Vous en pourrez un jour faire une comédie.

Tandis que Géraste et Alcandre discutent sans pouvoir se mettre
d'accord, Élomire se tourne vers Épisténès, qui est resté silencieux
jusque-là. Celui-ci commence par démasquer le faux Bassa et
consent à lui parler de son mal, si on l'écoute avec une parfaite
soumission.

ÉPISTÉNÈS

L'animal,
Disent tous nos auteurs, est sujet à cent choses,
Mais dans la brute seul on en connaît les causes :
Et la raison en est, disent ces grands auteurs,
Qu'en la brute, aucun mal ne vient que des humeurs.
Et comme ces humeurs sont toutes corporelles,
On connaît aisément ces causes par les selles ;
Car ces corps une fois l'un à l'autre attachés,
Ne se quittent jamais, sans s'être entretachés.
C'est alors qu'entassant remède sur remède,
Un médecin triomphe, et que le mal lui cède ;
Car pour grand qu'il puisse être, il en a le dessus,
Puisqu'*ablata causa, tollitur effectus.*
Mais dans l'homme, Seigneur, il en va d'autre sorte,
Les maux entrent chez lui par bien plus d'une porte,
Et ces portes étant différentes en tout,
Si l'on n'y prend bien garde, on n'en vient point à bout.
Je m'explique, et pour mieux faire entendre ces choses,
Je soutiens qu'un seul mal a souvent plusieurs causes ;
Par exemple, un poumon respire un mauvais air,

Un air salpêtrueux, propre à former l'éclair.
Sans doute un tel poumon, par telle nourriture,
Serait en peu de temps réduit en pourriture,
Si d'abord qu'on commence à s'en apercevoir
Un savant médecin, qui fait bien son devoir,
Ne lui changeait cet air, le changeant de demeure,
Puisque c'est le secret pour guérir de bonne heure.
Personne ne saurait contester là-dessus,
Puisqu'*ablata causa, tollitur effectus.*
Mais si l'on joint à l'air qui ce poumon entiche
Une seconde cause, en vain on le déniche,
Et l'on lui fait changer et d'air et de maison :
Si cette cause dure, il est sans guérison.
Par exemple, à Paris, l'air salé de nos boues,
Me piquant les poumons, déjà rougit mes joues ;
Mais au lieu de choyer mes poumons entichés,
Ils deviennent, enfin, flétris et desséchés .
Par l'effort que sans cesse ils font sur un théâtre.
Lors j'ai beau changer d'air, pour y mettre un emplâtre,
Mes poumons entichés ne guériront jamais,
Si je ne quitte aussi le métier que je fais.
Mais si je quitte ensemble et ville et comédie,
Je vois bientôt la fin de cette maladie.
Personne ne saurait contester là-dessus,
Puisqu'*ablata causa, tollitur effectus.*
A ces causes, Seigneur, j'en peux joindre encore une
Qui, dans ce siècle-ci, n'est que par trop commune ;
Mais quand cette troisième est jointe aux autres deux,
On peut dire qu'un mal est des plus périlleux :
Par exemple, attaqué de cette maladie,
On augmente son mal, faisant la comédie,
Parce que les poumons trop souvent échauffés,
Ainsi que je l'ai dit, s'en trouvent desséchés.
Et l'on en peut guérir, pourvu que l'on s'abstienne
D'abord de comédie, et de comédienne.
Mais alors que ce mal dans un comédien
Augmente jour et nuit, parce qu'il ne vaut rien,
Qu'il choque dieux et gens dedans ses comédies,
Le Ciel seul peut alors guérir ses maladies :
Et tous les médecins de notre Faculté
Ne lui sauraient donner un seul brin de santé.
Ce que je te dis là, d'un bouffon de théâtre,
Seigneur, n'est proprement qu'une image de plâtre,
Que j'expose à tes yeux, afin de t'expliquer
Les principes des maux que tu peux t'appliquer.

ÉLOMIRE

Quand il me connaîtrait, fidèle Lazarile,
Pourrait-il mieux parler ?

LAZARILE, *bas à Élomire.*

Sans doute il est habile,
De pareils médecins ne sont pas du commun.

ÉPISTÉNÈS

Par ce discours, Seigneur, te serais-je importun ?

ÉLOMIRE

Au contraire, poussez s'il vous plaît.

ÉPISTÉNÈS

De la thèse,
Puisque tu le permets, je viens à l'hypothèse ;
Et je dis, ces Messieurs le diront du bonnet,
Qu'on ne te peut guérir si tu ne parles net ;
Oui, si tu ne nous dis l'histoire de ta vie,
C'est en vain que tu veux contenter ton envie ;
Au contraire, on pourra par un beau *quiproquo*
T'envoyer *ad patres,* Seigneur, *incognito.*

Nouvelle colère d'Élomire, qui se refuse à raconter sa vie et renvoie
les médecins. L'acte III comporte une nouvelle consultation, celle
d'Oronte, qui ordonne à Élomire, pour dissiper sa mélancolie, de
voir une plaisante comédie et d'assister à un bal. La comédie,
intitulée *Divorce comique,* occupe l'acte IV ; c'est un prétexte à
de violentes attaques contre les prétentions de Molière, contre
son incapacité à faire du grand théâtre. Quant au bal, il sera, à
l'acte V, un excellent prétexte à mystifier Élomire. Un exempt,
de connivence avec les médecins, arrive en effet en prétendant
qu'un assassin se cache parmi les masques. Bien entendu, c'est
Élomire, qu'on arrête ; celui-ci, pris d'une peur mortelle, est tout
heureux de pouvoir se sauver en donnant sa bourse à un archer ;
il se sauve en toute hâte. Les médecins sont vengés.

    Intérêt de ces quelques scènes : 1° pour *le Malade imaginaire*
proprement dit ; 2° pour l'histoire littéraire sur le succès de
Molière en son temps et sur Molière et ses ennemis ; 3° pour
voir Molière à travers des témoignages défavorables.

2. MOLIÈRE ET MONTAIGNE

2.1. DE NE CONTREFAIRE LE MALADE (II, 37)

Il y a une épigramme en Martial, une des bonnes [...] où il
raconte plaisamment l'histoire de Coelius, qui, pour ne pas

avoir à faire la cour à quelques grands de Rome, pour ne pas se trouver à leur lever, les assister et les suivre, fit mine d'avoir la goutte ; et, pour rendre son excuse plus vraisemblable, se faisait oindre les jambes, les avait enveloppées, et contrefaisait entièrement le port et la contenance d'un homme goutteux ; enfin la fortune lui fit ce plaisir de le rendre réellement goutteux [...].

J'ai vu quelque part chez Appien, il me semble, une pareille histoire d'un qui, voulant échapper aux prescriptions des triumvirs de Rome, pour se dérober à la connaissance de ceux qui le poursuivaient, se tenant caché et travesti, y ajouta encore cette invention de contrefaire le borgne. Quand il vint à recouvrer un peu plus de liberté, et qu'il voulut défaire l'emplâtre qu'il avait longtemps porté sur son œil, il trouva que sa vue était effectivement perdue sous ce masque. Il est possible que l'action de la vue se soit hébétée pour avoir été si longtemps sans exercice et que la force visuelle s'était toute rejetée dans l'autre œil : car nous sentons évidemment que l'œil que nous tenons couvert renvoie à son compagnon quelques parties de son effet, en manière que celui qui reste s'en grossit et s'en enfle ; comme aussi l'oisiveté, avec la chaleur des liaisons et des médicaments, avait bien pu attirer quelque humeur podagrique au goutteux de Martial [...].

2.2. DE LA VANITÉ (III, 13)

Je me défais tous les jours par discours de cette humeur puérile et inhumaine qui fait que nous désirons d'émouvoir par nos maux la compassion et le deuil en nos amis. Nous faisons valoir nos inconvénients outre leur mesure, pour attirer leurs larmes. Et la fermeté que nous louons dans chacun à soutenir sa mauvaise fortune, nous l'accusons et la reprochons à nos proches, quand c'est en la nôtre. Nous ne nous contentons pas qu'ils se ressentent de nos maux, si encore ils ne s'en affligent. Il faut étendre la joie mais retrancher autant qu'on peut la tristesse. Qui se fait plaindre sans raison est homme pour n'être pas plaint quand la raison y sera. C'est pour n'être jamais plaint que se plaindre toujours, faisant si souvent le piteux qu'on ne soit pitoyable à personne. Qui se fait mort vivant est sujet d'être tenu pour vif, mourant. J'en ai vu se fâcher de ce qu'on leur trouvait le visage frais et le pouls posé, contraindre leur ris parce qu'il trahissait leur guérison, et haïr la santé de ce qu'elle n'était pas regrettable. Qui bien plus est, ce n'étaient pas des femmes.

❨ On comparera Montaigne et Molière sur ce point.

3. LOUIS XIV ET SES MÉDECINS

Un total de soixante-dix-neuf médecins étaient attachés au service médical de Louis XIV ; voici le décompte : un archiatre ou premier médecin ; un médecin ordinaire, huit médecins par quartier, un médecin anatomiste, un médecin botaniste, un médecin mathématicien et soixante-six médecins consultants.

3.1. LA CHARGE D'ARCHIATRE

Grand officier de la couronne, il prêtait serment de fidélité entre les mains du roi et ne dépendait que de ce dernier. Conseiller d'État par sa fonction, il recevait dans les mêmes conditions le titre de comte, titre personnel et héréditaire. Surintendant des Jardins du Roi et des eaux minérales de France, il nommait en outre les chirurgiens experts dans toute la France, et en fait les charges médicales de la maison du Roi dépendaient de lui. Il avait le pas dans les cérémonies, était sous la sauvegarde directe de la couronne et ne pouvait être jugé, le cas échéant, que par le maître des requêtes. Seule exception, il pouvait exercer à Paris, même s'il avait fait ses études dans une faculté de province ; le doyen devait même l'accueillir, au bas de l'escalier, d'un discours en latin, s'il venait visiter les écoles.

Sur le plan financier, outre les 40 000 livres que lui rapportait sa charge de conseiller d'État, il bénéficiait, dans un système de vénalité des charges, des avantages que donne la prééminence en matière médicale ; son accès constant auprès du roi en faisait également un homme dont on sollicitait fréquemment l'entremise.

En revanche, l'archiatre ne pouvait guère envisager une vie personnelle : obligé d'accompagner le roi partout, de ne le quitter jamais, il entrait le premier dans la chambre du roi le matin, surveillait sa table à l'occasion des repas, etc. En outre, le roi — et les grands l'imitaient souvent en cela — considérait son premier médecin un peu comme un domestique.

3.2. LES PREMIERS MÉDECINS DE LOUIS XIV

De 1643 à 1715, ils furent cinq.

Jacques Cousinot, médecin du roi de 1643 à 1646, était docteur depuis 1618. Issu de la Faculté de Paris, gendre de Charles Bouvard, premier médecin de Louis XIII, il était partisan de la saignée et de la purgation. Gui Patin parle de lui avec respect. François Vautier, archiatre de 1646 à 1652, fut d'abord médecin particulier de Mazarin ; ce dernier lui fit obtenir la succession de Cousinot, en dépit de l'hostilité de la reine, si l'on en croit Gui Patin. D'origine modeste, docteur en 1612 à Montpellier, il prit le parti de la reine contre Richelieu ; arrêté à l'issue de la journée des Dupes, il resta emprisonné douze ans. La mort du cardinal lui permit de soigner Louis XIII dans sa dernière maladie, de devenir ensuite médecin

de Mazarin, ce qui lui valut finalement de succéder à Cousinot.
Voici quelques lignes de Tallemant des Réaux sur les origines de
F. Vautier :

> Un cordelier, nommé père Crochard, l'avait pour domestique,
> comme un pauvre garçon : Mme de Guercheville le fit médecin
> du commun chez la Reine mère à trois cents livres de gages.
> Or, quand elle fut à Angoulême, [...] elle eut besoin d'un
> médecin. Il ne se trouva que Vautier, que quelqu'un qui en
> avait été bien traité lui loua fort. Il la guérit d'un érysipèle,
> et ensuite il réussit si bien et se mit si bien dans son esprit,
> qu'il était mieux avec elle que personne : d'où vint la grande
> haine du cardinal contre lui. C'était un grand homme bien
> fait, mais qui avait de grosses épaules ; il faisait fort l'entendu.
> Il était d'Arles ; sa mère gagnait sa vie à filer et on disait
> qu'il ne l'assistait point.

Il fut un bon médecin : essayant dans tous les cas de ne pas
contrarier la nature, ouvert aux idées nouvelles, il utilisa des
préparations chimiques, ce qui lui valut cette sorte d'épitaphe de
son collègue Gui Patin :

> Hier, 4 juillet, est ici mort dans son lit d'une fièvre continue
> maligne, le sieur Vautier, qui était le premier médecin du roi
> et le dernier du royaume en capacité. Et afin que vous sachiez
> qu'il n'est pas mort sans raison, il a pris de l'antimoine par
> trois fois pour mourir dans sa méthode. [...] S'il fût mort il
> y a sept ans, il aurait épargné plusieurs honnêtes gens qu'il
> a tués par son antimoine. Enfin il est mort lui-même âgé de
> soixante-trois ans.

Antoine Vallot lui succéda de 1652 à 1671, après avoir payé la
charge 3 000 pistoles entre les mains de Mazarin. Originaire lui
aussi de la Faculté de Montpellier, il se lia d'amitié avec Vautier,
grâce à qui il devint premier médecin d'Anne d'Autriche et sut
s'imposer comme habile. Il rappelle dans le *Journal de la santé
du roi* sa nomination en ces termes :

> Le dimanche, huitième de juillet, mil six cent cinquante-deux,
> [...] ayant reçu cet honneur par le choix et agrément de Leurs
> Majestés, et par l'entremise de Monseigneur le Cardinal
> de Mazarin, qui leur a présenté la réputation que je m'étais
> acquise en ma profession et les bons et agréables services
> que j'avais si utilement rendus au roi dans le traitement de
> sa petite vérole.

Si le personnage n'était pas des plus mauvais médecins du temps,
il étale avec une complaisance gênante la bonne opinion qu'il a
de lui-même. Voici le témoignage de Maurice Raynaud (*Médecins
du temps de Molière*) sur ce point :

> Vallot consigne à tout propos, et avec complaisance, pour
> l'instruction de la postérité, les formules qui lui sont « inspirées

du ciel » pour l'entretien de cette précieuse santé : *Potion pour le Roi, Emplâtre pour le Roi, Lavement pour le Roi*, tout cela se trouve écrit en gros caractères, et avec une richesse et une variété de composition qui font au moins honneur à son imagination pharmaceutique.

Il se piquait beaucoup de pronostics ; et il y tenait d'autant plus que, selon lui, les maladies du Roi sont toujours des plus extraordinaires, et que lui-même est entouré d'une cabale qui « jette son fiel et vomit son venin sur lui et sa réputation ».

Le témoignage direct de Vallot lui-même est éloquent :

Ainsi je ne me suis point en aucune façon trompé en cette maladie, en ayant fait la prédiction à toute la Cour et à M. le Cardinal Mazarin par une lettre, comme j'ai exposé ci-dessus, qui a dit plusieurs fois au Roi et à toute la Cour qu'il admirait en moi cette manière de pouvoir prédire la marche des maladies avec autant de justesse, que je ne m'étais pas trompé en celle-ci non plus qu'en plusieurs autres.

Le même commentateur, sur ce point, indique :

Cette expression naïve de l'admiration qu'il inspire et des lumières merveilleuses que Dieu lui envoie, revient à chaque instant dans son récit, mais il va plus loin : il prédit au commencement de chaque année les maladies qui régneront. Ainsi, en 1657, il annonce qu'il y aura des fluxions de poitrine, des rougeoles, des dysenteries, et que *le Roi en sera exempt*. Il faut avouer que cette précision dans le pronostic s'est perdue depuis : il est vrai qu'il se fait fort de la devoir à sa connaissance des constellations et de la disposition des vents. Il paraîtrait cependant que l'on s'égaya un peu de ce don de prophétie. Car, en 1669, il écrit : « Je suis résolu de ne plus rien insérer de semblable en cet ouvrage, parce que les envieux supposent que j'ai fait mes prédictions après coup. »

Néanmoins, il est juste de préciser qu'il sut s'affranchir des routines du temps en matière de traitement, qu'il conserva à ses amis (même Fouquet) une fidélité indéfectible et qu'il mourut par le fait de son attachement au roi : ayant voulu l'accompagner dans sa campagne de Flandre quand il était déjà malade, il dut rentrer précipitamment à Paris, où il mourut le 9 août 1671. Voici son oraison funèbre par le décidément peu charitable Gui Patin :

Vallot est au lit fort pressé de son asthme ; peu s'en fallut qu'il n'étouffât avant-hier au soir, mais il en fut délivré par une copieuse saignée ; il a reçu l'extrême-onction, c'est pour lui rendre les genoux plus souples pour le grand voyage qui lui reste à faire ; il n'a été qu'un charlatan en ce monde, mais je ne sais ce qu'il en fera en l'autre, s'il n'y vient crieur de noir à noircir, ou de quelque autre métier, où on puisse gagner beaucoup d'argent, qu'il a toujours extrêmement aimé; pour son honneur, il est mort au Jardin royal, le 9 août, à six heures après midi; on ne l'a point vu mourir et on l'a trouvé mort dans son lit.

Antoine d'Aquin, qui remplaçait déjà occasionnellement Vallot lorsque ce dernier était malade, devint premier médecin du roi en 1671 et le reste jusqu'en 1693. Il était petit-fils d'un rabbin de Carpentras converti au christianisme et fils du médecin de Marie de Médicis, et, médecin de Montpellier, épousa la nièce de Vallot. Ce n'est toutefois que huit mois après la mort de Vallot que la succession fut pourvue. Outre son intérim, d'Aquin mit d'autres cartes dans son jeu : Mme de Montespan fit sa fortune. Courtisan et homme d'esprit plus que bon médecin, il le montre dans cette anecdote qui met en relief son caractère quémandeur. Elle est extraite des *Mémoires pour servir à l'histoire de la Faculté de Médecine de Montpellier* d'Astruc :

> On vint dire au Roi, un matin à son lever, qu'un vieux officier, que le Roi connaissait et aimait, était mort dans la nuit; sur quoi le Roi répondit qu'il en était fâché, que c'était un ancien domestique qui l'avait bien servi et qui avait une qualité bien rare dans un courtisan, c'est qu'il ne lui avait jamais rien demandé. En disant ces mots, le Roi fixa les yeux sur d'Aquin, qui comprit bien ce que le Roi voulait lui reprocher; mais sans se déconcerter, il dit au Roi : « Oserait-on, Sire, demander à Votre Majesté ce qu'elle lui a donné? » Le Roi n'eut rien à répliquer, car il n'avait jamais rien donné à ce courtisan si discret. Ainsi d'Aquin sortit glorieux de cette attaque.

Son assurance et ses requêtes continuelles, jointes au remplacement de Mme de Montespan par Mme de Maintenon, firent beaucoup pour l'ascension de son concurrent, Fagon, nommé par le roi successivement médecin de la dauphine, puis médecin de la reine. Mme de Maintenon, ayant pleine confiance dans Fagon, s'inquiétait des fièvres intermittentes de Louis XIV que Fagon attribuait au quinquina que d'Aquin lui administrait. La disgrâce du premier médecin fut connue le 2 novembre 1693. Saint-Simon nous en raconte les péripéties dans ses *Mémoires* :

> Daquin, premier médecin du Roi, créature de Mme de Montespan, n'avait rien perdu de son crédit par l'éloignement final de la maîtresse, mais il n'avait jamais pu prendre avec Mme de Maintenon, à qui tout ce qui sentait cet autre côté fut toujours plus que suspect. Daquin était grand courtisan, mais rêtre, avare, avide, et qui voulait établir sa famille en toute façon. Son frère, médecin ordinaire, était moins que rien; et le fils du premier médecin, qu'il poussait par le conseil et les intendances, valait encore moins. Le Roi, peu à peu, se lassait de ses demandes et de ses importunités. Lorsque

M. de Georges passa de Tours à Lyon, par la mort du frère du premier maréchal de Villeroy, commandant et lieutenant du Roi de cette province, et proprement le dernier seigneur de nos jours, Daquin avait un fils abbé, de très bonnes mœurs, de beaucoup d'esprit et de savoir, pour lequel il osa demander Tours de plein saut, et en presser le Roi avec la dernière véhémence. Ce fut l'écueil où il se brisa. Mme de Maintenon profita du dégoût où elle vit le Roi d'un homme qui demandait sans cesse, et qui avait l'effronterie de vouloir faire son fils tout d'un coup archevêque *al despetto* de tous les abbés de la première qualité, et de tous les évêques du royaume ; et Tours en effet fut donné à l'abbé d'Hervault, qui avait été longtemps auditeur de rote avec réputation, et qui y avait bien fait. C'était un homme de condition, bien allié, et qui, dans cet archevêché, a grandement soutenu tout le bien qu'il y promettait.

Mme de Maintenon, qui voulait tenir le Roi par toutes les avenues, et qui considérait celle d'un premier médecin habile et homme d'esprit comme une des plus importantes à mesure que le Roi viendrait à vieillir et sa santé s'affaiblir, sapait depuis longtemps Daquin, et saisit ce moment de la prise si forte qu'il donna sur lui et de la colère du Roi ; elle le résolut à le chasser, et en même temps à prendre Fagon en sa place. Ce fut un mardi, jour de la Toussaint, qui était le jour du travail chez Mlle de Pontchartrain, qui outre la marine avait Paris, la Cour et la maison du roi en son département. Il eut donc l'ordre d'aller le lendemain avant sept heures du matin chez Daquin lui dire de se retirer sur-le-champ à Paris ; que le Roi lui donnait six mille livres de pension, et à son frère, médecin ordinaire, trois mille livres pour se retirer aussi, et défense au premier médecin de voir le roi et de lui écrire. Jamais le Roi n'avait tant parlé à Daquin que la veille à son souper et à son coucher, et n'avait paru le mieux traiter. Ce fut donc pour lui un coup de foudre qui l'écrasa sans ressource. La Cour fut fort étonnée et ne tarda pas à s'apercevoir d'où cette foudre partait, quand on vit, le jour des Morts, Fagon déclaré premier médecin par le roi même qui le lui dit à son lever, et qui apprit par là la chute de Daquin à tout le monde qui l'ignorait encore, et qu'il n'y avait pas deux heures que Daquin lui-même l'avait apprise. Il n'était point malfaisant, et ne laissa pas à cause de cela d'être plaint et d'être même visité dans le court intervalle qu'il mit à s'en aller à Paris.

Exilé à Moulins avec 6 000 livres de pension viagère, il mourut en 1696 à Vichy, où il se soignait.

Gui Crescent Fagon, né à Paris en 1638, avait pour père Henri Fagon, commissaire ordinaire des guerres, et pour mère Louise de La Brosse, nièce du médecin ordinaire de Louis XIII. Étudiant de la Faculté de Paris, il avait soutenu avec bruit, en 1663, une thèse sur la circulation du sang; en 1677, médecin des bâtards du roi, dont celle qui sera Mme de Maintenon dirigeait l'éducation, il devint premier médecin de la reine, puis des enfants de France. En dépit du passage que nous donnons ci-dessous du *Journal de la santé du roi,* il eut un rôle non négligeable dans la disgrâce de son prédécesseur :

> Dieu sait si j'ai de l'animosité contre la mémoire de M. d'Aquin, puisque les soins qu'il avait pris de me nuire m'en avaient si peu donné contre lui pendant sa vie que je fus beaucoup plus touché de son malheur dans le moment que le Roi m'apprit sa disgrâce, que je ne fus sensible à l'honneur que Sa Majesté me faisait en me mettant à sa place.

Par ailleurs, l'abbé de Choisy raconte dans ses *Mémoires* l'anecdote suivante :

> Le Roi, étant à Marly, eut un fort accès de fièvre. Les médecins, sur le minuit, voyant que la fièvre diminuait, lui firent prendre un bouillon. Daquin dit : « Voilà la fièvre qui est sur son déclin, je m'en vais me coucher. » Fagon fit semblant de le suivre et s'arrêta dans l'antichambre, en disant entre ses dents : « Quand donc veillerons-nous ? Nous avons un si bon maître, et qui nous paye si bien ! »
> Il se fit un fauteuil, appuyé sur un bâton : il était aussi bien que dans sa chambre, parce qu'il ne se déshabille jamais et ne dort qu'à son séant, à cause de son asthme.
> Une heure après, le Roi appela le premier valet de chambre et se plaignit à lui que sa fièvre durait encore. Il lui dit : « Sire, M. Daquin s'est allé coucher, mais M. Fagon est là-dedans, le ferai-je entrer ? — Que me dira-t-il ? lui dit le Roi, qui craignait que le premier médecin ne le sût. — Sire, reprit Niers (et ce que je dis, je le sais de lui), il vous dira peut-être quelque chose : il vous consolera. » Fagon entra, tâta le pouls, fit prendre de la tisane, fit changer de côté et enfin se trouva seul auprès du Roi pour la première fois de sa vie.

Travailleur, savant ouvert au progrès, Fagon fut aussi désintéressé et intègre. Saint-Simon nous a laissé de lui un portrait auquel nous renvoyons pour l'ensemble (*Mémoires,* Bibliothèque de la Pléiade, p. 108 et suivantes); nous extrayons le passage suivant :

> Fagon était un des beaux et des bons esprits de l'Europe, curieux de tout ce qui avait trait à son métier, grand botaniste, bon chimiste, habile connaisseur en chirurgie, excellent médecin et grand praticien. Il savait d'ailleurs beaucoup; point de meilleur physicien que lui; il entendait même bien les différentes parties des mathématiques. Très désintéressé, ami ardent, mais ennemi qui ne pardonnait point, il aimait

la vertu, l'honneur, la valeur, la science, l'application, le mérite, et chercha toujours à l'appuyer sans autre cause ni liaison, et à tomber aussi rudement sur tout ce qui s'y opposait, que si on lui eût été personnellement contraire. Dangereux aussi parce qu'il prévenait très aisément en toutes choses; quoique fort éclairé, et qu'une fois prévenu, il ne revenait presque jamais; mais s'il lui arrivait de revenir, c'était de la meilleure foi du monde, et faisait tout pour réparer le mal que sa prévention avait causé. Il était l'ennemi le plus implacable de ce qu'il appelait charlatans, c'est-à-dire des gens qui prétendaient avoir des secrets et donner des remèdes, et sa prévention l'emporta beaucoup trop loin de ce côté-là. Il aimait sa Faculté de Montpellier, et en tout la médecine, jusqu'au culte. A son avis il n'était pas permis de guérir que par la voie commune des médecins reçus dans les Facultés dont les lois et l'ordre lui étaient sacrés; avec cela délié courtisan, et connaissant parfaitement le Roi, Mme de Maintenon, la Cour et le monde. Il avait été le médecin des enfants du Roi, depuis que Mme de Maintenon en avait été gouvernante; c'est là que leur liaison s'était formée. De cet emploi il passa aux enfants de France, et ce fut d'où il fut tiré pour être premier médecin. Sa faveur et sa considération, qui devinrent extrêmes, ne le sortirent jamais de son état ni de ses mœurs, toujours respectueux et toujours à sa place.

Voici enfin une satire de l'abbé de Margon sur lui :

> Il ne vivait que de régime,
> Exténué, bossu, hideux,
> La démarche d'un quadrupède,
> Sa figure semblait un rède ;
> Une forêt de noirs cheveux
> Entourant son crâne et sa face,
> Il effrayait la populace ;
> Chacun croyait à son abord
> Voir le squelette de la mort.

3.3. LE *JOURNAL DE LA SANTÉ DU ROI*

Ce texte, manuscrit, conservé à la Bibliothèque nationale, va de 1647 à 1711. Il consigne tous les incidents de la santé de Louis XIV et les traitements qui lui furent proposés. Paul Lacroix en donne la définition suivante :

> Trois premiers médecins de Louis XIV ont pris la plume chacun à son tour, pour enregistrer les indispositions de leur auguste client, le nombre et les formules des médecines et des lavements composés pour lui, et en même temps les éloges adulateurs adressés à ce grand roi avec accompagnement de seringues et de mortiers. Vallot, d'Aquin et Fagon sont les

auteurs du plus étrange journal manuscrit qu'on puisse imaginer sous l'impression des comiques réminiscences du *Malade imaginaire*. La bibliothèque du Roi possède ce burlesque et grave mémorandum des victoires et des flux de ventre de Louis XIV.

Le jugement de Louis Bertrand, dans un article paru dans la *Revue universelle,* est sévère, partial peut-être. Il concerne d'abord les médecins :

> Ce journal, écrit-il, où MM. Vallot, Daquin et Fagon, premiers médecins de Sa Majesté, se mirent tour à tour dans la beauté de leur science et dans son infaillibilité, est assurément le plus magnifique monument que la sottise satisfaite se soit élevé à elle-même. Il est, cependant, fort précieux, parce qu'il contient une masse énorme de faits consciencieusement observés et que le lecteur est libre d'interpréter autrement que ces docteurs. Et puis, enfin, il est d'un haut comique, il renferme des trésors de bouffonnerie. On en rirait plus franchement si l'on ne songeait qu'au fond de tout cela il y a une vie d'homme en question, une existence de haut prix entre les mains de dangereux imbéciles.

Puis il donne sur la santé de Louis XIV les renseignements suivants :

> Quand on lit le *Journal,* écrit-il plus loin, on ne tarde pas à se convaincre que le Roi a été malade toute sa vie et que ce n'était pas trop de tout un corps médical appuyé d'une escouade d'apothicaires et de chirurgiens pour soigner une telle variété de maladies et d'infirmités. On tremble sans cesse pour la vie de ce perpétuel égrotant. Et puis, l'on se demande comment un homme si fortement constitué, un homme « taillé pour vivre cent ans », a pu être si fréquemment indisposé et malade. L'explication la plus vraisemblable, c'est qu'il a été déplorablement traité par ses médecins, lesquels, avec une obstination de maniaques, fermés à toutes les indications de la nature, gaspillèrent et finirent par ruiner totalement cette « santé héroïque ».

Enfin, voici ce qu'il indique sur Louis XIV et ses médecins :

> On ne peut s'empêcher de frémir quand on songe que Louis XIV a eu en tout, depuis sa naissance jusqu'à sa mort, quatre médecins, véritables dignitaires de cour, qui avaient payé leur charge et dont le remplacement eût été une véritable révolution de palais. Le roi était le prisonnier de chacun de ces messieurs, sa proie, une et indivisible jusqu'à la mort, inclusivement !

JUGEMENTS SUR
« LE MALADE IMAGINAIRE »

XVIIᵉ SIÈCLE

Louis XIV avait dit : Les médecins font assez souvent pleurer pour qu'ils fassent quelquefois rire.

Une fois encore, Molière allait attaquer leur attitude de soumission obtuse aux dogmes des Anciens, leur égoïsme sans scrupule, leur hypocrisie surtout. Et le lendemain de la quatrième représentation, quelques heures après la mort de Molière, on pouvait lire ce compte rendu, qui témoigne du succès de la pièce; bien entendu, le journaliste n'était pas au courant de la mort de Molière quand il écrivit sa chronique.

> Notre vrai Térence françois
> Qui vaut mieux que l'autre cent fois,
> Molière, cet incomparable
> Et de plus en plus admirable,
> Attire aujourd'hui tout Paris
> Par le dernier de ses écrits
> Où d'un Malade imaginaire
> Il nous dépeint le caractère
> Avec les traits si naturels
> Qu'on ne peut voir de portraits tels.
> La Faculté de médecine
> Tant soit peu, dit-on, s'en chagrine.

Robinet,
Gazette rimée (18 février 1673).

Mᵐᵉ de Sévigné n'assistait pas à la représentation dont elle dut entendre beaucoup parler, comme le prouve cette lettre :

Ah! que j'en veux aux médecins! quelle forfanterie que leur art! On me contait hier cette comédie du *Malade imaginaire*, que je n'ai point vue : il était donc dans l'obéissance exacte à ces messieurs; il comptait tout : c'était seize gouttes d'un élixir dans treize cuillerées d'eau. S'il y en eût eu quatorze, tout était perdu. Il prend une pilule. On lui a dit de se promener dans sa chambre. Mais il est en peine et demeure tout court, parce qu'il a oublié si c'est en long ou en large : cela me fit fort rire et l'on applique cette folie à tout moment.

Mᵐᵉ de Sévigné,
Lettre du 16 septembre 1676.

XVIIIᵉ SIÈCLE

Si J.-J. Rousseau, dans sa Lettre à d'Alembert, *citait George Dandin,* l'Avare *et le* Bourgeois gentilhomme, *attaquait la moralité du Misan-* thrope *et « oubliait » de parler du* Malade imaginaire, *Voltaire affir-* mait au sujet de cette œuvre : « C'est une des farces de Molière dans laquelle on trouve beaucoup de scènes dignes de la haute comédie. »
Et il y a place pour Argan dans l'énumération de personnages qui termine cet extrait :

Les ridicules fins et déliés dont vous parlez ne sont agréables que pour un petit nombre d'esprits déliés. Il faut au public des traits plus marqués. De plus, ces ridicules si délicats ne peuvent guère fournir des personnages de théâtre. Un défaut presque imperceptible n'est guère plaisant. Il faut des ridicules forts, des impertinences dans lesquelles il entre de la passion, qui soient propres à l'intrigue. Il faut un joueur, un avare, un jaloux, etc.

Voltaire,
Lettre à Vauvenargues (7 janvier 1745).

XIXᵉ SIÈCLE

Goethe avait remarqué surtout la scène, si singulière en son genre, où Argan interroge Louison ; *Goethe semble en tout cas croire qu'Argan* est réellement désespéré devant sa fille morte, alors qu'il est plus simple de penser qu'il entre dans le jeu de la petite fille.

Du reste, si, nous autres modernes, nous voulons apprendre à bien diriger nos efforts pour réussir au théâtre, Molière est l'homme auquel nous devons nous adresser. Connaissez-vous son *Malade imaginaire?* Il y a là-dedans une scène qui, toutes les fois que je lis cette pièce, se montre à moi comme le symbole d'une connaissance parfaite des planches : je veux parler de celle où le malade imaginaire interroge sa petite fille Louison pour savoir d'elle si un jeune homme ne s'est pas trouvé dans la chambre de sa sœur aînée.

Tout autre qui n'aurait pas entendu son métier aussi bien que Molière aurait fait à l'instant même et tout simplement raconter l'histoire par la jeune Louison et tout eût été fini.

Mais combien Molière, par une multitude de motifs qui retardent cette découverte, sait animer cet examen et impressionner le spectateur! D'abord, la petite Louison affecte de ne pas comprendre son père; ensuite elle nie qu'elle sache quelque chose, puis menacée de verges, elle tombe et fait la morte. Enfin, au moment où son père s'abandonne au désespoir, elle se relève de son évanouissement simulé avec un air qui respire à la fois la ruse et la gaîté et se décide à faire, peu à peu, des aveux complets.

Goethe,
Entretiens avec Eckermann (1821).

Sainte-Beuve est le premier à avoir analysé la portée de toute l'œuvre de Molière.

Quoi qu'on en ait dit, *Monsieur de Pourceaugnac, le Bourgeois gentilhomme, le Malade imaginaire* attestent au plus haut point ce comique jaillissant et imprévu qui, à sa manière, rivalise en fantaisie avec le *Songe d'une nuit d'été* et *la Tempête* [...]. Molière jusqu'à sa mort fut en progrès continuel dans la poésie du comique [...].

De la farce franche et un peu grosse du début, on se sera élevé en passant par le naïf, le sérieux, le profondément observé, jusqu'à la fantaisie du rire dans toute sa pompe et au gai sabbat le plus délirant.

Sainte-Beuve,
Portraits littéraires (1834).

Mais vers la fin de ce XIXᵉ siècle, où le Malade imaginaire fut l'une des trois pièces de Molière que la Comédie-Française joua plus de 700 fois, les jugements abondent. En voici quelques-uns :

Dans *le Malade imaginaire* c'est l'agonie que le poète étale en dérision sur la scène, l'agonie bourgeoise, vulgaire, prosaïque, entourée des fioles fétides et des instruments ridicules de la pharmacie. Dès la première scène, Argan détaillant le compte de l'apothicaire nous fait assister à son autopsie. Ce ne sont « qu'entrailles amollies, mauvaises humeurs évacuées, bile expulsée », toutes les souillures de la guenille humaine étalées et retournées au grand jour. Je veux bien que les maux du bonhomme soient imaginaires, mais il mourra des remèdes s'il ne meurt pas de la maladie. Voyez le ravage et le peu de chair et le peu de souffle qui doivent rester au pauvre hère émacié par ce régime effroyable. Il souffre donc, et comme un damné, dans sa maison qui est un enfer. Il est la proie d'une ménagère qui le dépouille avant qu'il soit mort et le jouet d'une servante qui l'assourdit de son bavardage. Tandis que l'hypocrite Béline sucre sa tisane, bassine son linceul et borde sa bière, l'effrontée Toinette se moque de ses tortures et le berne sur les draps mêmes de son lit funèbre. On le laisse, sans lui répondre, agiter convulsivement la sonnette qui tinte comme un glas et emplit comme un tocsin sa chambre vide.

Paul de Saint-Victor,
les Deux Masques (1880).

Argan jugé par un interprète du rôle :

Argan est insupportable, il crie, court, se remue follement dans son fauteuil, il est bougon, colérique, plein de santé, comme le malade imaginaire. Il n'est pas neurasthénique... oh non ! il mange bien, boit sec, dort comme un sonneur [...], il a une idée fixe : la maladie, et il devient le pantin de cette maladie.

Le Malade imaginaire est une comédie de caractère admirable, touchant à la farce, et il est nécessaire d'être caractéristique et drolatique dans le personnage d'Argan, pittoresque et pictural, plein de mouvement et de force.

Coquelin cadet,
cité par Sarcey (*Quarante Ans de théâtre,* tome II) [1900].

Critique du jugement précédent :

Comment Cadet ne voit-il pas ce qui depuis deux siècles a crevé les yeux de tous les critiques ou plutôt de tout le monde, qu'Argan est, en effet, et très réellement, un malade imaginaire, un hypo- condriaque si l'on aime mieux, et que Molière, par un coup de génie, a fait de lui un sanguin qui sursaute au moindre incident, s'irrite, s'emballe, jusqu'à ce qu'un mot lui rappelle qu'il est malade et très malade. Le comique de la pièce, un comique très profond, est tout entier dans le contraste incessamment renouvelé d'un égoïste, ramassé sur sa prétendue maladie, qui sacrifierait femme et enfants à sa santé et qui s'échappe sans cesse de cette contem- plation où il vit par des à-coups de fureur que provoquent à plaisir ceux qui l'entourent.

Francisque Sarcey,
Quarante Ans de théâtre (tome II) [1900].

La morale de la pièce :

Je me demande quelle impression bienfaisante et quelle leçon de morale les enfants peuvent bien rapporter du *Malade imaginaire.* Ils y voient un père de famille égoïste, maniaque et ridicule, dupé par sa femme et berné par sa servante. Ils y voient une jeune fille amoureuse d'un jeune homme rencontré dans la rue et déclarant son amour à ce bel inconnu, en musique et à la barbe de son père. Le bon élève, l'élève soumis et piocheur, leur a été présenté sous les traits de Thomas Diafoirus. Ils y ont vu les notaires et les hommes de loi sous les espèces de M. Bonnefoi, et ils ont appris que les médecins sont des ânes ou des charlatans... Je doute que cette admirable farce leur ait été une leçon de respect. Hé oui! Angélique est charmante et même fort honnête fille; la petite Louison est délicieuse; Toinette a raison, Cléante a raison, Béralde a raison, Molière a raison. Il n'en est pas moins vrai qu'on sent dans *le Malade imaginaire,* comme dans la plus grande partie du théâtre de Molière, passer un souffle de révolte.

Jules Lemaître,
Impressions de théâtre (tome I).

XXᵉ SIÈCLE

Sans nier que le Malade imaginaire reflète certaines préoccupations personnelles de Molière, malade lui-même et victime des médecins, la critique du XXᵉ siècle insiste sur le caractère comique de la pièce. La tragique coïncidence qui a fait mourir Molière au moment où il venait de créer le Malade imaginaire risque en effet de fausser le jugement qu'on porte sur la pièce : on pourrait être tenté d'y voir, d'une façon un peu romantique, une sorte de fantaisie macabre, où l'auteur, pressentant la mort, nargue son propre destin.

Dans son étude sur les Comédies-ballets de Molière (1914), Maurice Pellisson écrit :

Quel chemin parcouru du *Mariage forcé*, crayon rapide, au *Malade imaginaire*, composition ample et tout près d'être parfaite! [...] La critique naguère s'est évertuée à faire de Molière le plus lugubre des « auteurs gais ». [...] A voir la cérémonie du *Bourgeois gentilhomme*, celle du *Malade imaginaire*, les spectateurs n'éprouvent pas une involontaire mélancolie; pour se sentir être mélancolique à ce spectacle, il faut y mettre beaucoup du sien; Argan, M. Jourdain ne sont pas des malades, ne sont pas des déments.

Maurice Pellisson,
les Comédies-ballets de Molière (1914).

A propos du dialogue du troisième acte :

Argan, c'est Molière quand il souffre, faible, égoïste, colérique... ridicule; Béralde, c'est son portrait, chaque fois qu'il redevient sage, qu'il se sent sauvé, qu'il juge les médecins. Il a mis face à face ces deux visages de lui-même, et il n'y a pas un mot de la scène qui ne soit un mouvement d'esprit juste, ou un battement de cœur vrai.

René Benjamin,
Molière (1936).

Le contraire d'une œuvre-testament sans aucun doute. Elle n'indique aucune pause de l'esprit, aucun tour d'horizon. Molière continue; ou plutôt il se reprend. Il écarte l'académisme et revient aux jours heureux. Mais cette rupture d'évolution, sans qu'il le sache, est un signe. Le choix même du sujet l'oblige à un débat qui dévie nécessairement vers le cas personnel et l'amène, dans les déclarations de Béralde, à des sarcasmes où passent les grimaces de la mort. C'est inconscient, c'est fugitif. Lui-même doit s'étonner au contraire de maintenir la technique de la gaieté avec tant d'aisance, tant de plaisir parfois, et en riant le premier de ce qu'il fait dire à Diafoirus. Se voyant si maître de ses moyens, il se réconforte. Sa verve garde toute sa chaleur. Seulement, le rythme des pulsations devient celui de la fièvre. On sent une hâte qui n'est plus celle de la joie ni même du labeur. On sent l'énergie vitale qui se ramasse pour un dernier effort.

Pierre Brisson,
Molière (1949).

Voici enfin les jugements des deux metteurs en scène dont nous reproduisons le dispositif scénique dans les Documents, page 137.

Même s'il y a dans ces pages une réalité cruelle, même si, comme on l'a dit mainte fois, Molière pensait à son propre cas lorsqu'il créait le personnage d'Argan, le fait même qu'il ait raillé et ridiculisé Argan démontre son état d'esprit, sa volonté de neutraliser et de faire tourner court, dans un vaste éclat de rire, des sentiments et des passions qui mènent à grands pas au tragique. Molière, en en riant lui-même, a voulu qu'on en rie.

Pierre Valde,
le Malade imaginaire (1946).

Ne disons donc, ni farce, ni drame, ni comédie, mais simplement, selon le langage qui s'est imposé vers la fin du XIXe siècle et qui n'est point encore trop désuet, une « pièce », sans autre qualificatif. Pièce, par le tableau varié qu'elle présente, par l'étude psychologique et sociale qu'elle contient, par l'arrière-goût amer qui la caractérise [...].

Le dialogue du *Malade imaginaire* tient lui aussi une place tout à fait à part dans l'œuvre de Molière. Il surprend par une vigueur, une liberté, un frémissement de vie que l'on ne retrouve pas ailleurs au même degré [...]. Le choc des ripostes, la vivacité des reparties, la joyeuse fusée des exclamations, tout raisonne, tout palpite, vibre [...].

Le langage de Toinette vaut de toute façon ici infiniment mieux que celui des médecins contemporains, le régime qu'elle prescrit frappe même par son intelligente simplicité, après les niaiseries de Purgon et les grains de sel en nombre pair recommandés par Diafoirus.

Jacques Arnavon,
le Malade imaginaire (1947).

SUJETS DE DEVOIRS ET D'EXPOSÉS

NARRATIONS

● M. de Coulanges écrit à Mme de Sévigné, alors en Provence, pour lui raconter la quatrième représentation du *Malade imaginaire*.

● De retour chez lui, M. Diafoirus raconte à son épouse la réception dont lui-même et son fils ont été l'objet dans la famille d'Argan.

● Argan écrit à un ami pour lui faire part du mariage de sa fille et lui raconter dans quelles circonstances il a été reçu « médecin ».

● Dialogue entre deux jeunes gens : l'un trouve la crédulité d'Argan excessive et invraisemblable, l'autre la prétend explicable par son caractère.

● Cléante fait le portrait de Thomas Diafoirus.

● De nombreuses années ont passé. Toinette a vieilli. Un soir, elle retrouve, dans un meuble, robe, perruque et bonnet qui servirent à son déguisement pour tromper Argan. Elle évoque ses souvenirs...

● Faites le portrait d'un malade imaginaire dans la société d'aujourd'hui.

DISSERTATIONS

● La peinture d'un intérieur familial dans *le Malade imaginaire*. Est-elle plus poussée que dans les autres comédies de Molière et pourquoi ?

● Farce, comédie-ballet, grande comédie, auquel de ces trois aspects donnez-vous la prééminence dans *le Malade imaginaire* ?

● Comparez Toinette à Martine (*les Femmes savantes*), à Dorine (*le Tartuffe*) ou à Nicole (*le Bourgeois gentilhomme*).

● Comparez Angélique à Marianne (*le Tartuffe*) ou à Lucile (*le Bourgeois gentilhomme*).

● Le thème de la mort dans *le Malade imaginaire*.

● Le nombre de représentations du *Malade imaginaire* a dépassé 1 600 ; c'est beaucoup moins que pour *le Tartuffe* et plus que pour *le Bourgeois gentilhomme*. Cette hiérarchie satisfait-elle vos goûts personnels ?

● Molière affirme : « La comédie n'est faite que pour être vue. » Mais, de son côté, « voir n'est pas lire, affirme Henry de Montherlant, et seul le volume compte ». Etudiez ces deux opinions, aussi catégoriques qu'opposées, en les appliquant au *Malade imaginaire*.

● Comparez le docteur Knock, personnage créé par Jules Romains dans sa célèbre comédie de 1923, aux médecins de Molière : quels traits permanents de la satire contre les médecins et les malades l'auteur du XXᵉ siècle a-t-il conservés? Quelles nouveautés ajoute-t-il à ce thème traditionnel?

● Le problème de morale sociale posé par *le Malade imaginaire* est-il toujours actuel? La crédulité de certains malades, la malhonnêteté et la médiocrité de certains médecins mettent-elles en cause l'utilité même de la science médicale?

● Marcel Proust évoque dans les débuts de son œuvre (*Du côté de chez Swann*) la figure de sa tante Léone, chez qui il va en vacances à Combray et qui est aussi une malade imaginaire. Vous analysez la façon dont le romancier conçoit et présente son personnage, vous ferez une comparaison entre la technique du romancier et celle de l'auteur dramatique sur un même sujet.

TABLE DES MATIÈRES

IMPRIMERIE HÉRISSEY. — 27000 - ÉVREUX.
Décembre 1970. — Dépôt légal 1970-4ᵉ. — Nº 29747. — Nº de série Éditeur 11106.
IMPRIMÉ EN FRANCE *(Printed in France)*. — 34 663 A-4-82.